Tina Klüwer

ZUKUNFT MADE IN GERMANY

Warum wir jetzt Innovation fördern müssen, um unseren Wohlstand zu retten

Rowohlt

1. Auflage

Originalausgabe
Veröffentlicht im Rowohlt Verlag,
Kirchenallee 19, 20099 Hamburg, Oktober 2025

Satz aus der Tiempos Text bei CPI books GmbH, Leck
Druck und Bindung GGP Media GmbH, Pößneck
ISBN 978-3-498-00760-7

Kontaktadresse nach EU-Produktsicherheitsverordnung:
produktsicherheit@rowohlt.de

Inhalt

Einleitung:
Was ist das für ein Land, in dem wir leben? 7

1 Wieso muss unser Wohlstand gerettet werden? 15
1.1 Technologische Souveränität 19
1.2 Old Economy 33
1.3 Innovationen 40

2 Wir sind reich an Erfindern 47
2.1 Fakten über Forschung in Deutschland 51
2.2 Wie misst man erfolgreiche Forschung? 58
2.3 Deutschland im Vergleich der internationalen Veröffentlichungen 61

3 Unsere Innovationskraft sinkt 65
3.1 Die Readiness Level 71
3.2 Innovation in Deutschland 77
3.3 Der Innovationsstandort Deutschland im internationalen Vergleich 82

4 Wir verschenken unseren Reichtum 97
4.1 Wem gehört eine Erfindung? 100
4.2 Universitäten sind keine Unternehmen 103
4.3 Forschende haben keine Innovationsanreize 108
4.4 Forschenden fehlt das Know-how 111
4.5 Wirtschaft und Wissenschaft sind sich fremd 116
4.6 Forschungskooperationen sinken 118

5 Wir bremsen technische Innovationen aus 121
5.1 Innovative Start-ups skalieren zu selten 122
5.2 Innovative Start-ups finden keine Kunden 126
5.3 Innovationen fehlt das Personal 130
5.4 Unternehmen in der Transformationsschuld 132
5.5 Behinderung durch Bürokratie 137

6 Deutschland am Wendepunkt 143
6.1 Transformation 147
6.2 Deutschland 2.0 150

7 Die Erfolgsmechanik – volle Kraft auf Zukunft! 157
7.1 Die Fachkräftebasis von morgen sichern 159
7.2 Transferlücke schließen 162
7.3 Deutschland zum Start-up-Land machen 164
7.4 Die unternehmerische Entscheidung 168

8 Das «Zukunft made in Germany»-Mindset 171

Dank 179
Anmerkungen 181

Einleitung: Was ist das für ein Land, in dem wir leben?

Für einige ist Deutschland ein Land im Niedergang: Die Straßen sind kaputt, die Städte insolvent, die Züge sind nicht nur unpünktlich, sondern entgleisen sogar mitunter, und Unfälle kosten Menschen das Leben. Die Wirtschaft stagniert. Die Automobilindustrie, eine der größten und sichtbarsten Branchen des Landes, wird vom internationalen Wettbewerb überholt. Die Supermächte China und USA sind dabei, die Welt untereinander aufzuteilen. Täglich benutzen wir Geräte und Software, von denen nur wenige aus Europa stammen und keine aus Deutschland. Es vergeht kein Tag ohne neue geopolitische Schwierigkeiten, bei denen weder Europa noch Deutschland Gewicht und Stimme zu haben scheinen. Wo sind die Produkte «made in Germany»? Haben wir das Rennen verloren? Versinken wir in der Bedeutungslosigkeit?

Gleichzeitig sind wir die drittstärkste Volkswirtschaft der Welt. Nach den USA und China, und das mit nur 84 Millionen Einwohnern. Wir gehören zu den größten Exporteuren von technischen Geräten und Anlagen weltweit und zu den bedeutendsten internationalen Chemie- und Pharmaproduzenten. Unternehmen wie Volkswagen, Bosch, Siemens, die Deutsche Telekom und Bayer sind global agierende Großunternehmen und tragen erheblich zur Wirtschaftskraft unseres Landes bei. Deutsche Mittelständler bauen Feinelektronik und Bauteile, die auf der ganzen Welt begehrt sind. Wir sind das bevölkerungsreichste Land der Europäischen Union.

Der Untergang Deutschlands und Europas ist trotzdem ein Dauerbrenner bei vielen Treffen der jungen deutschen Tech-Szene. Wenn Gründer und Investorinnen* zusammenkommen, Pizza direkt aus dem Karton essen und dazu Limonade trinken, kommt das Gespräch zwangsläufig irgendwann auf die grässlichen Zustände in Deutschland. Schnell sind sich alle einig: zu langsam, zu bürokratisch, die ganzen Zertifizierungen, zaghafte, zögerliche Kunden und schwierige Finanzierung. In den USA geht alles viel leichter, und die Investoren sind viel schneller. Innerhalb von zwei Wochen hat man da schon mal ein Term Sheet, den üblichen Vorvertrag, mit einem Angebot auf dem Tisch, während der Vorgang in Deutschland Monate dauert und das Angebot signifikant schlechter ist.

Es ist offensichtlich eine richtig fatale Idee, in Deutschland ein innovatives Tech-Unternehmen aufzubauen, vor allem wenn man den Anspruch hat, etwas Großes zu verändern. Deutschland ist zu Innovationen nicht fähig, und über kurz oder lang werden auch die letzten verbliebenen Innovationstreiber auswandern, um ihr Business anderweitig vernünftig weiterzuführen. So denken viele.

Dagegen steht das Narrativ, dass wir es hier viel besser haben als anderswo. Europa und Deutschland haben so vieles hervorgebracht, von der Demokratie über Brahms und Beet-

* Im Text werden die weibliche und männliche Schreibweise zusammen oder auch abwechselnd verwendet. Jedes nicht explizit genannte Geschlecht ist jederzeit mitverstanden.

hoven, Leibniz und Kant bis zu Lufthansa und Volkswagen. Wir haben etliche «Hidden Champions» unter den deutschen kleinen und mittelständischen Unternehmen (KMUs): Unternehmen, die nicht auffallen, aber den Weltmarkt mit ihren spezifischen, hochqualitativen Produkten versorgen. Es gibt viele deutsche Erfolgsgeschichten. Hier herrscht Wohlstand. Wir haben einen funktionierenden Arbeitsschutz und Mindestlohn. Unsere Häuser sind stabil, und unsere Gewaltenteilung schützt uns vor Willkür. Unser Sozialstaat sichert uns auch bei schwerer Krankheit ab, wohingegen in den USA Menschen aufgrund einer Zahnoperation insolvent gehen. Und China, war das nicht das Land mit dem Social Scoring System, in dem Kameraüberwachung an der Tagesordnung ist? Da haben wir es hier doch viel besser!

Was stimmt denn nun?

Geht alles den Bach runter, oder geht es uns besser als allen anderen?

Ja, es stimmt, wir haben eine starke Wirtschaft und international erfolgreiche Unternehmen. Es ist wahr, wir verfügen über hohen Wohlstand, der uns ermöglicht, einen starken Sozialstaat zu finanzieren. Aber leider ist es keine natürliche Ordnung, dass Deutschland und Europa immer die Nase vorn haben. Die Regionen der Welt sind im dauernden Wettstreit, gerade in den letzten Jahren hat sich viel verändert. Die geopolitische Situation schwenkt nach Jahrzehnten der Globalisierung und Zusammenarbeit auf protektionistische Wirtschaftspolitik und hegemoniale Machtansprüche um. Der Kampf um die wirtschaftliche Vormachtstellung der Weltregionen ist in vollem Gange. Und er wird zu großen Teilen dadurch entschieden, wem es gelingt, in wichtigen kommenden Technologien vorne mitzumischen. Denn technologische Umbrüche entscheiden über Wohlstand und Sicherheit ganzer Länder. Die letzten Jahrzehnte waren die Zeit der digitalen Technologie. Länder, die frühzeitig digitale Innovationen und Unternehmen hervorgebracht haben, konnten sich Marktanteile und zukünftigen Wohlstand sichern. Ihre digitalen Infrastrukturen verschaffen ihnen außerdem Sicherheit und Resilienz. Deutschland war nicht unter diesen Ländern.

Man könnte es so ausdrücken: Nicht nur die demografische Entwicklung der deutschen Bevölkerung, sondern auch die Entwicklung unserer Wirtschaft ist ungünstig. Unser Wohlstand basiert größtenteils auf Geschäftsmodellen, die hundert Jahre oder älter sind. Unsere größten und wertvollsten Unternehmen sind im Zuge der Industrialisierung entstanden. Ihre Erfolge in einem Jahrhundert des Wandels sind beeindruckend, und wir können mit Recht stolz auf sie sein. Doch es sind die Digitalunternehmen, die heute die wertvollsten Unternehmen der Welt sind. Die vier umsatzstärksten Unternehmen Deutschlands sind: VW, Allianz, Mercedes-Benz und BMW.* Die wertvollsten Unternehmen der USA und der Welt sind: Apple, Microsoft, NVIDIA, Amazon und Alphabet, das Mutterunternehmen von Google.** Als einziges deutsches Unternehmen schafft es SAP in die Top 50 wertvollsten Unternehmen der Welt. Es ist abzusehen, dass der Wohlstand der kommenden Jahrzehnte dort entstehen wird, wo die neuesten Technologien erfolgreich kommerzialisiert werden. In der letzten Phase der Wertschöpfung ist es den USA gelungen, die jungen, digitalen Märkte zu besetzen. Gleichzeitig hat China begonnen, uns in unseren traditionellen Stärken, wie in der Produktion und dem

* Stand 2024.

** Nach Marktkapitalisierung, Stand Beginn 2025.

Export von Maschinen, zu überholen.[1] Wir befinden uns an einem Kipppunkt. Noch sind wir wohlhabend, noch sind wir stark. Aber damit das auch so bleibt, müssen wir jetzt handeln.

Beide Narrative machen nicht viel Mut. Wieso sollte man handeln, wenn man sicher ist, dass alles gut ist und bleiben wird? Und auch Hoffnungslosigkeit motiviert uns nicht zu handeln, sondern lässt uns ohnmächtig auf die Entwicklung starren wie eine Maus auf die näher kommende Schlange.

Wir brauchen ein drittes Narrativ. Ein dynamisches und aktives. Eines, das uns erlaubt, im schnellen, internationalen Wettkampf Chancen zu ergreifen. Denn die Zeit ist jetzt: Die Gefahr, schnell abgehängt zu werden, ist viel größer als noch vor einigen Jahren. Unser Wohlstand ist in Gefahr. Wir müssen uns transformieren, und dafür müssen wir handeln, als Gesellschaft und jeder Einzelne von uns.

Technische Innovationen öffnen dafür einen Weg. Technologien sind für die, die sie sich früh genug aneignen und nutzen, ein Türöffner zu weiteren Jahrzehnten des Wohlstands und der Sicherheit. Das betrifft die digitalen Technologien, deren Umsetzung noch nicht abgeschlossen ist, aber vor allem auch der Generation neuer Technologien, die aktuell in den Startlöchern stehen: Künstliche Intelligenz, Quantentechnologien, neue Computerchips und einige mehr. Wie erfolgreich sich eine Gesellschaft neue Technologien zunutze macht, entscheidet zu einem großen Teil darüber, wie gut es ihr in Zukunft gehen wird.

Dieses Buch beschreibt, wie wir es schaffen, technische Innovationen für uns zu nutzen. Es zeigt, wie unser Innovationssystem in den Technologien im Moment aufgestellt ist und wie wir zu neuer Innovationskraft kommen können. Es legt dar, welche Schwächen wir haben, aber auch, auf welche Stärken wir zurückgreifen können. Ich schildere einige meiner persönlichen Eindrücke und Erlebnisse, die ich in unterschiedlichen Funktionen der deutschen Innovationslandschaft sammeln konnte. Gleichzeitig ist das Buch aber auch ein Konzentrat vieler Gespräche mit unterschiedlichen Personen, von Gründerinnen über CEOs bis zu Forschern, Studierenden und Experten, die sich bereits jetzt für Technologien und Innovation in Deutschland einsetzen. Wenn Sie sich mit dem Thema schon beschäftigt haben, erkennen Sie beim Lesen vermutlich den ein oder anderen Punkt wieder.

In den kommenden Kapiteln formuliere ich Denkanstöße und schlage Antworten zu einzelnen Fragen vor. Dabei hat das Buch nicht den Anspruch, die eine Lösung für alle Probleme zu bieten. Eine Volkswirtschaft ist ein komplexes Gefüge mit vielen Einflussfaktoren, von denen nicht alle in diesem Buch berücksichtigt werden können. Selbst wenn die Wirtschaft innovativ und stark ist, ist dies keine Garantie dafür, dass jeder Einzelne in der Gesellschaft versorgt und sicher ist. Wenn aber die Wirtschaftsleistung sinkt und wir keinen neuen Weg finden, ist die Chance auf Wohlstand mit Sicherheit für jeden Einzelnen geringer.

Im nächsten Kapitel erläutere ich ausführlich, wieso unser Wohlstand aus meiner Sicht gerettet werden muss. Ich erkläre, vor welcher Entscheidung wir stehen und welche Optionen wir haben. Kapitel 2 und 3 sind die Bestandsaufnahme unserer aktuellen Situation. Wo stehen wir wirtschaftlich? Was macht unser Innovationssystem aus und was bedeutet das im internationalen Vergleich? In Kapitel 4 und 5 beschreibe ich aktuelle Schwächen, vor allem im Transfer von Forschungsergebnissen in die Umsetzung und im Wachstum von Innovationen in der Wirtschaft. Kapitel 6 ist eine Einladung, Deutschland neu zu denken. In Kapitel 7 mache ich Vorschläge für Lösungen zu den genannten Problemen. Viele strukturelle Herausforderungen kann man verbessern. Warum wir aber letztlich alle gemeinsam darüber entscheiden, wie die *Zukunft made in Germany* gestaltet wird, erläutere ich in der Zusammenfassung in Kapitel 8.

I
Wieso muss unser Wohlstand gerettet werden?

Vor einiger Zeit erzählte mir ein ehemaliger Kollege begeistert von seiner Brasilienreise. Mit dem Rucksack war er in Städten, auf dem Land und auch per Schiff unterwegs gewesen. Der Amazonas hatte ihn besonders beeindruckt. Er schwärmte von weit verästelten Wasserarmen, manche groß wie der Rhein und manche so klein, dass die umliegenden Bäume ein grünes Dach bildeten, unter dem das Boot hindurchglitt wie durch einen Tunnel. Ich denke, es war ein eher kleines Boot, denn es war nur ein Tagesausflug. Teilweise mussten die Passagiere wohl trotzdem noch den Kopf einziehen, so nah war die grüne Kuppel. Zwischen den Pflanzen entdeckte er überall Tiere, vor allem auch viele bunte Vögel, die ihm größtenteils unbekannt waren. Er hatte sich extra eine App installiert, um die Pflanzen und Tiere bestimmen zu können. Mit einem Foto und ein paar Angaben führte die App in wenigen Sekunden einen Abgleich mit einer Internetdatenbank durch, um die wahrscheinlichsten Arten zurückzuliefern. Dabei stieß er auf einen Amazonas-Film, der bei einem Streamingdienst verfügbar war, und schaute ihn sich vom Boot aus kurz an.

Das war der Moment, in dem sich bei mir ein Störgefühl entwickelte. Und das hatte nichts damit zu tun, dass er einen Film ansah, während er doch in diesem Naturwunder unterwegs war. Ich traute ihm zu, problemlos beides wahrzunehmen. Nein, mein Störgefühl hatte einen ganz anderen Grund: Er hatte auf dem Amazonas, fernab der Zivilisation, in einem kleinen Boot, während der Fahrt eine internetbasierte App bedient und einen Film gestreamt. Das konnte doch nicht sein!

Als er merkte, dass ich ihm nicht mehr richtig zuhörte, unterbrach er sich: «Was ist denn?»

«Du hattest Internet? Mitten auf dem Amazonas in einem Boot?» Jeder, der, wie ich, häufig mit der Deutschen Bahn unterwegs ist, kann sich den panisch-labilen Tonfall vorstellen, in dem ich die Frage stellte.

«Klar, gar kein Problem, da war überall Starlink», antwortete er lapidar.

Starlink! Na klar. Das Satelliteninternet, eines von Elon Musks zahlreichen Unternehmen. Starlink hat mehrere Tausend Satelliten in die niedrige Erdumlaufbahn geschossen und kann damit ein Breitbandinternet auch an den entlegensten Orten anbieten. Es gibt sogar eine Version für Boote.

Er begann wieder zu erzählen, während ich gedanklich unaufhörlich um die Frage kreiste: Wieso geht das bei uns nicht?

Das ist natürlich nicht ganz richtig, denn man kann Starlink auch in Deutschland nutzen. Man muss sich nur die entsprechende Receiver-Hardware kaufen. Das kann eine Lösung sein, wenn man etwa in einem sehr abgelegenen Haus in der Uckermark wohnt. Die Deutsche Bahn könnte aber vermutlich Starlink nicht benutzen, selbst wenn es eine Variante für Züge gäbe, die mir aktuell nicht bekannt ist. Für Behörden und Unternehmen der öffentlichen Hand gelten strenge Sicherheitsvorschriften, welche Geräte und Software sie nutzen dürfen. Und die Veränderungen, die die USA seit der Amtsübernahme von Donald Trump durchlaufen und bei denen Elon Musk eine gewichtige Rolle spielte, schüren tatsächlich Skepsis. Kann man sich auf sein Satellitennetz verlassen? Ist es geschickt, auf einen Anbieter aus dem Ausland zu setzen, von dem man vollständig abhängig wäre? Dabei hat man nicht immer eine Wahl. Die Ukraine setzt sogar im Krieg auf Starlink, und auch die deutsche Bundeswehr benötigt amerikanische Satelliten. Ein ausreichend großes, unabhängiges Satellitennetz haben beide Staaten aktuell nicht.

Erinnern Sie sich an den Wirbel, den es 2019 gab, als erstmals die Mobilfunkfrequenzen für das 5G-Netz in Deutschland versteigert wurden? Die Deutsche Telekom, Vodafone, Telefonica und erstmals auch Drillisch, ein 1&1-Tochterunternehmen, kämpften damals in einer langen Auktion für die Frequenzen. Huawei bot zwar nicht mit – das chinesische Unternehmen ist kein Netzbetreiber –, aber wichtig war es trotzdem, denn beim Marktführer für Netzwerktechnik werden die Geräte gebaut, die für den Betrieb eines Mobilfunknetzes notwendig sind, wie Module an den Funkmasten. Und schon damals war klar, ohne Komponenten von Huawei wird es für die deutschen Netzbetreiber sehr schwer, ein Mobilfunknetz aufzubauen und zu betreiben. Zwar gibt es Wettbewerber, die die gleiche Technik anbieten, wie den Ericsson-Konzern aus Schweden, aber nicht zu den gleichen Preisen. Die USA drängten zu dieser Zeit schon darauf, Huawei nicht zum integralen Bestandteil des deutschen Mobilfunknetzes zu machen. Zu eng sei der Konzern mit dem chinesischen Staat verbunden – die Verwendung der Technik würde der Gefahr von Abhängigkeit und Spionage Tür und Tor öffnen. Es gab eine große Debatte. Letztlich entschied aber die Kanzlerin Angela Merkel, die Geräte des Unternehmens zuzulassen.

Inzwischen hat sich das Blatt gewendet. Immer mehr Länder entschließen sich gezielt gegen einen Netzausbau mit Huawei-Komponenten, und auch Deutschland hat 2023 entschieden, Huawei nun doch wieder aus der Netzinfrastruktur zu entfernen und mit Technik anderer Hersteller zu ersetzen. Zu fragil sind die internationalen Beziehungen geworden und damit die Sorge vor Konsequenzen. Plakativ gesprochen: Was macht Deutschland, wenn Huawei auf Druck der chinesischen Regierung die Komponenten deaktiviert? Stellen Sie sich vor, das deutsche Mobilfunknetz bricht zusammen. Die Folgen mag man sich nicht ausmalen. Die Mobilfunknetze zählen ebenso wie andere Kommunikationsnetze zu den kritischen Infrastrukturen des Landes. Sie sind grundlegende Voraussetzung für unseren Informationsaustausch. Als vor einigen Jahren ein Bagger in Hamburg unbeabsichtigt ein Glasfaserkabel zerstörte, waren nicht nur Tausende Menschen ohne Internet und Fernsehen, auch ein Pharmagroßhändler in der Nähe konnte fast 24 Stunden keine Medikamente ausliefern. Während der Ahrtalkatastrophe kollabierte das Mobilnetz in der betroffenen Region. Überlebende waren auf sich allein gestellt, die Koordination von Rettungskräften und freiwilligen Helfern massiv erschwert. Bei einem bundesweiten Ausfall des Mobilnetzes würden vermutlich Menschen sterben. Neben den Sicherheitsbedenken wäre auch der volkswirtschaftliche Schaden enorm.

In Zeiten, in denen Partnerschaften mit Ländern, auf die wir uns jahrzehntelang verlassen haben, ihre Stabilität verlieren, treten morgen Situationen auf, die wir gestern noch als unrealistisch abgetan hätten. Ein funktionierendes Mobilfunknetz ist für ein Land ebenso essenziell wie der Zugriff auf Satelliten. Beide sind damit klassische Beispiele für die *technologische Souveränität.*

1.1 Technologische Souveränität

Technologische Souveränität ist die Fähigkeit, in relevanten Technologien einen Zustand mit einer möglichst geringen, vor allem keiner einseitigen Abhängigkeit von anderen Staaten oder ausländischen Anbietern zu erreichen. Man kann das anhand eines Legohauses verdeutlichen. Wenn Sie ein Legohaus bauen möchten, brauchen Sie verschiedene Legosteine, das ist klar. Sie brauchen vermutlich auch eine Bauanleitung, zumindest wenn es ein bestimmtes Haus werden soll, sagen wir eine Feuerwehrwache. Dann brauchen Sie auch noch einen Platz, wo Sie das Haus bauen können. Eine geeignete Legoplatte auf Ihrem Küchentisch wäre eine Option. Und natürlich die Fähigkeit und das Wissen, wie man eine solche Anleitung liest und in Bauschritte übersetzt. Wenn Sie nur wenige Stunden Zeit haben, da dann der Tisch für das Abendessen benötigt wird, benötigen Sie vielleicht auch noch Unterstützung, Ihre Kinder würden sich da anbieten.

Auf den ersten Blick mag es einfach erscheinen, aber man braucht eine ganze Menge, um erfolgreich eine Lego-Feuerwehrwache zu bauen. Wenn Sie über alles verfügen, was Sie brauchen, also Bausteine, Küchentisch, Bauplatte, Anleitung, Know-how und Kinder, dann sind Sie zu 100 Prozent autark. Sie können jederzeit eine Feuerwehrwache bauen. Ihre Souveränität in dem Feld ist somit sehr hoch. Aber vielleicht haben Sie ja gar keine Kinder. Da fangen die Probleme schon an. Sie würden länger brauchen, länger als andere, die Hilfe haben. Ihnen fehlen die richtigen Fachleute.

Oder Sie haben nie gelernt, eine Lego-Anleitung zu lesen. Sie könnten am Aufbau der Wache verzweifeln, oder Sie bauen sie falsch zusammen. Ihnen fehlen die notwendigen Kompetenzen.

Wenn Sie gar keinen Küchentisch haben, könnten Sie gezwungen sein, die Wache auf dem Teppich oder dem Bett aufzubauen, nach ein paar Minuten aber aufgeben, weil der Untergrund zu weich ist. Dann fehlt Ihnen die richtige Infrastruktur.

Zu guter Letzt kann es auch sein, dass Ihnen ein paar der Steine fehlen, denn Sie haben das Legoset gebraucht im Internet bestellt, da Sie eigentlich gar kein Geld für Lego haben. Dann fehlen Ihnen grundlegende Rohstoffe.

Wenn alles das zutrifft, können Sie einpacken. Die Lego-Feuerwehr werden Sie nie bauen. Ihre Souveränität zum Bau von Lego ist nicht vorhanden. Tatsächlich würde wohl kein Mensch bei Verstand mit diesen Gegebenheiten überhaupt anfangen zu bauen.

Dieses Schema lässt sich auf gesellschaftlich relevante Technologien übertragen. Schauen wir uns das mal anhand der Mikroelektronik beispielhaft an. Mikroelektronik ist das technische Feld, das die Herstellung von Computerchips beinhaltet. Niemand wird bezweifeln, dass Computerchips extrem bedeutsam sind. Nicht nur Computer, Mobiltelefone und Tablets funktionieren nur dank Chips, sondern immer häufiger auch Autos, Kühlschränke und sogar Glühbirnen. Hätten deutsche Unternehmen keine Chips zur Verfügung, wäre das ein großes Problem. Wenn im eigenen Land keine Chips hergestellt werden, muss man sie aus einem anderen Land einkaufen, etwa den USA, China oder Taiwan. Dann hat das eigene Land in der Chiptechnologie eine technologische Souveränität von null. Es ist zu hundert Prozent abhängig von den Unternehmen in anderen Ländern.

Um die aktuellen Computerchips zu bauen, braucht man Silizium. Es gibt in Deutschland einen einzigen Hersteller von Silizium, der nicht mal zehn Prozent des Bedarfs der deutschen Wirtschaft decken kann. Der größte Hersteller von Silizium ist aktuell China. Dort werden fünfundsiebzig Prozent der weltweiten Fördermenge produziert.[1] Rohstoffabhängigkeit führt ebenfalls zu einer geringen technologischen Souveränität.

Hat ein Land die Rohstoffe, aber keine Fabrik oder nicht genug Energie, um Mikrochips zu bauen, fehlt die Infrastruktur. Aber selbst wenn alles vorhanden ist, von den Rohstoffen bis zur Fertigungsanlage und Strom, braucht man Personen mit den richtigen Kenntnissen. Ohne Fachkräfte, die wissen, wie man Mikrochips baut, kann man mit den Einzelteilen nichts anfangen.

Alle diese Faktoren entscheiden darüber, wie hoch die Souveränität eines Landes in einer bestimmten Technologie ist. Im Bereich der Mikrochips ist Deutschland nicht sehr souverän. Wir importieren den Großteil unserer Mikrochips aus dem Ausland, vor allem aus Taiwan und den USA. Taiwan ist Haupthersteller für Mikrochips weltweit. 2023 kamen siebzig Prozent aller verbauten Chips aus Taiwan. In der Kategorie der kleinsten und damit innovativsten Mikrochips produziert der größte Chipfabrikant TSMC sogar zweiundneunzig Prozent der Gesamtmenge.[2] Der globale Marktanteil der deutschen Mikrochips liegt bei gerade einmal drei Prozent. Das haben wir während der Corona-Pandemie gespürt, als die deutschen Autobauer ihre Produktion pausieren mussten, da keine Chips geliefert werden konnten. Die internationalen Lieferketten waren unterbrochen. Das hatte heftige Umsatzeinbußen zur Folge.

Mikrochips herzustellen, ist ein aufwendiger Prozess mit mehreren Hundert Schritten und einer sehr verteilten Wertschöpfungskette. Deutschland hat zwar nur eine kleine Endproduktion von Mikrochips im Land, aber durchaus einzelne Unternehmen, die in diesem hochvernetzten Prozess eine internationale Rolle spielen, wie die Firma Trumpf, die hochspezialisierte Laser herstellt, die extrem ultraviolette Strahlung erzeugen kann, die bei der Herstellung kleinster Mikrochips unerlässlich ist. Auch das deutsche Optikunternehmen Zeiss ist hier weltweit aktiv. Das wirkt sich wiederum positiv auf die technologische Souveränität aus, die immer auch ein Verhältnis zwischen Geben und Nehmen in Zusammenarbeit mit verlässlichen Partnern ist.

Sowohl die Europäische Union als auch die Bundesregierung arbeiten seit Jahren daran, unsere technologische Souveränität zu verbessern. Das ist nicht einfach, denn wir kommen aus Jahrzehnten der Globalisierung und Vernetzung, in denen internationale Zusammenarbeit verfügbar, möglich und wirtschaftlich war. Bislang war es völlig unproblematisch, wenn Mikrochips für die ganze Welt in Taiwan gefertigt wurden. Ein Land wie Deutschland brauchte keine Fähigkeiten und Kapazität aufbauen, um selbst Mikrochips zu bauen, da es uns Jahrzehnte und sehr viel Geld kosten würde, ebenso kosteneffizient und qualitativ hochwertig zu werden. Aber seit der Pandemie hat sich die Einstellung vieler Länder und Unternehmen geändert. Und nicht nur pandemische Krisen führen uns unsere Abhängigkeiten vor Augen. Auch andere schwelende geopolitische Konflikte bergen Risiken für einseitige Abhängigkeiten. Die Situation zwischen China und Taiwan zum Beispiel könnte sich negativ auf den internationalen Mikrochip-Markt auswirken. Eine starke Abhängigkeit von russischem Gas hat bereits durch den Ukrainekrieg Probleme verursacht. Auch eine einseitige Abhängigkeit von amerikanischen Softwareprodukten und Cloudlösungen birgt Gefahren. Sollten sich die USA entscheiden, den Zugriff auf diese Systeme zu limitieren, hätte das massive Auswirkungen auf unsere gesamte Produktivität.

Während dieses Buch geschrieben wird, hat die Trump-Regierung Handelszölle gegen fast alle Länder der Welt erlassen. China hat bereits mit Gegenzöllen darauf reagiert, und auch die EU erwägt Schritte. Die internationalen Beziehungen verschärfen sich, und Staaten versuchen, relevante Wirtschaftszweige in den eigenen Landesgrenzen zu halten und zu stärken. In einer solchen Situation sind Komponenten von Lieferketten im eigenen Land plötzlich nicht mehr nur ein Teil der Wertschöpfung, sondern auch Munition im Handelskonflikt.

Und nicht nur Handelskonflikte nehmen zu – durch die zunehmend fragiler werdende geopolitische Lage verschärfen sich alte und neue zwischenstaatliche Konflikte. Es kommt zu militärischen Auseinandersetzungen, selbst in Europa. Im Krieg Russlands gegen die Ukraine, ebenso wie im kurz vor dem Druck dieses Buches entbrannten militärischen Konflikt zwischen Israel und dem Iran, sehen wir, dass vor allem technische Innovationen über den Verlauf von militärischen Auseinandersetzungen entscheiden. Wer etwa über die neueste Drohnentechnologie oder die besten Drohnenabwehrsysteme verfügt, hat mehr Einfluss auf die Situation als derjenige, der mehr Soldaten ins Feld schicken kann.

Auch für die Sicherheit ist technologische Souveränität also entscheidend. Dabei ist der moderne Sicherheitsbegriff ein ganzheitliches Konzept, das neben der militärischen auch eine gesellschaftliche, ökologische, ökonomische und eine starke technische Dimension beinhaltet. Gegenwärtige Konflikte werden zunehmend mit einer Kombination aus militärischer Gewalt, ökonomischem Druck, digitalen Angriffen und medialer

Beeinflussung über klassische und soziale Kanäle geführt. Solche «hybriden Attacken» können sowohl von feindlich gesinnten Staaten als auch nichtstaatlichen Gruppierungen durchgeführt werden und zielen vor allem darauf, die Bevölkerung zu destabilisieren. Beispielsweise könnte sich eine hybride Bedrohung durch Sabotage auf ein Unterseekabel oder ein Umspannwerk, gepaart mit einem großen Hackerangriff auf eine Krankenhauskette und gefälschten Nachrichten zusammensetzen. Die Übergänge zur inneren Sicherheit sind dabei fließend, beispielsweise wenn Falschnachrichten in Social Media zu Radikalisierung führen und in der Folge zu einem terroristischen Anschlag. Moderne Technologien spielen in diesem Komplex eine essenzielle Rolle: Sie werden sowohl für Attacken eingesetzt als auch zu ihrer Abwehr benötigt. Technologien, bei denen man nicht über Produkte auf dem neuesten Stand verfügt, sind dabei ebenso ein Sicherheitsrisiko wie solche, zu denen man keine Kompetenzen im eigenen Land hat. Denn nur, wer etwas versteht, kann auch wirksam darauf reagieren.

Um uns für die Zukunft zu wappnen, müssen wir die Abhängigkeit vor allem in den «Schlüsseltechnologien» oder auch «kritischen Technologien» verringern. Doch die gilt es erst einmal zu identifizieren. Die Liste der Schlüsseltechnologien ändert sich nämlich mit der Zeit. Zu den alten Schlüsseltechnologien zählen die Dampfkraft, der Verbrennungsmotor, Strom und das Internet. Für die Zukunft zeichnen sich andere Technologien ab, die für unser Leben entscheidend sein werden. Sie bilden die Basis für neue Arten zu kommunizieren, zu heilen, zu arbeiten und uns zu ernähren. Damit sind sie auch der Ausgangspunkt für neue Geschäftsmodelle.

Die **Mikroelektronik** haben wir bereits betrachtet. Sie beschäftigt sich mit der Entwicklung und Herstellung extrem kleiner elektronischer Bauelemente, vor allem den Mikrochips und Sensoren, die in fast allen modernen Technologien – von Smartphones bis hin zu Autos – unverzichtbar sind. Deutschland hat eine eigene Mikroelektronik-Industrie, die vor allem für die Automobilherstellung von Bedeutung ist. Wichtige Unternehmen im Bereich der Mikroelektronik sind Infineon und Robert Bosch. Als Zulieferer von einzelnen Bestandteilen ist Deutschland ein wichtiger Akteur in der weltweiten Halbleiterbranche, zwanzig Halbleiter-Fabriken gibt es hier.[3] Doch auf der anderen Seite sind wir nur für etwa drei Prozent des ganzen Weltmarktes für fertige Chips verantwortlich und rangieren damit deutlich hinter Taiwan, Japan, USA und China.

In den letzten Jahren sind die Mikrochips immer winziger und leistungsstärker geworden und konnten dadurch auch in kleinste Geräte verbaut werden. An Optimierungen von Chips wird weiter intensiv geforscht und gearbeitet. Doch langsam zeigen sich Grenzen, weshalb mehr und mehr mit anderen Methoden experimentiert wird. Dazu zählen die **neuromorphen Chips**. Sie verarbeiten Informationen nicht wie ein klassischer Computerchip sequentiell, sondern parallel, ähnlich wie eine biologische Nervenzelle funktioniert. Dafür werden ganz neue Materialien und Arbeitsweisen eingesetzt. Die neuromorphen Chips sind häufig sehr energieeffizient. Einzelne neuromorphe Chips gibt es bereits, zum Beispiel den Loihi Chip von Intel,[4] aber sie sind noch nicht serienmäßig im Einsatz. Vor allem forschungsnahe Unternehmen sind hier aktiv. Die USA führen mit Intel und IBM. In Deutschland sind vor allem Forschungseinrichtungen und Start-ups auf diesem Feld aktiv.

Künstliche Intelligenz (KI) bezeichnet Software, die Aufgaben übernehmen kann, die bisher menschliche Intelligenz erforderte – etwa Texte schreiben, Sprachen übersetzen, Bilder generieren oder Tumoren im Ultraschallbild erkennen. KI-Technologien gibt es schon seit den 1960er-Jahren, aber durch die unglaublichen Massen an digitalen Daten im Internet sowie sehr schnellen Mikrochips hat generative KI, wie ChatGPT, in den letzten Jahren einen Durchbruch erzielt. Es gibt immer mehr Anwendungen, die mit KI funktionieren. Der Markt für KI wird vor allem von den großen Digitalkonzernen aus den USA dominiert mit Angeboten von OpenAI, Microsoft, Google und Meta. Nur China kann aufgrund seiner protektionistischen Abschirmung weitere internationale KI-Erfolge für sich verbuchen. Deutschland hingegen hat keinen großen KI-Hersteller. Im Jahr 2024 entwickelten Institutionen aus den USA 40 bedeutende KI-Modelle, während es in China 15 und in Europa drei waren.[5] Am aktivsten sind in Deutschland und Europa KI-Start-ups wie DeepL, Aleph Alpha oder Mistral aus Frankreich. Aber auch im Bereich der KI-Start-ups dominieren die USA. Laut dem bekannten Stanford AI Index gab es in den USA zwischen 2013 und 2024 etwa 7000 Gründungen. Damit liegen sie deutlich vor China mit etwas mehr als 1600 Gründungen und lange vor Deutschland mit etwa 400 Gründungen.[6]

Quantencomputing ist eine neue Art von Computerarchitektur, die auf den besonderen Regeln der Quantenphysik basiert. Anders als normale Computer, die nur 0 und 1 kennen, können Quantencomputer viele Zustände gleichzeitig verarbeiten. Dadurch können sie große Mengen an Daten in Sekunden analysieren. Es gibt bereits erste Prototypen von Quantencomputern, die allerdings bis jetzt noch keinen sogenannten «Quantenvorteil», einen realen Vorteil gegenüber herkömmlichen Computern, zeigen konnten. Trotzdem erweisen sie sich in Tests schon als sehr leistungsstark und vielversprechend. Experten gehen davon aus, dass wir – vielleicht sogar zeitnah – einen Durchbruch im Quantencomputing erleben werden. Die Quantencomputer könnten dann zum Beispiel CO_2-optimierte Routen für den gesamten im Moment in der Luft befindlichen Luftverkehr berechnen oder viel schneller als bisher alle Molekülvarianten durchrechnen, um den besten Kandidaten für ein neues Medikament zu identifizieren. Leider wäre es mit den Quantencomputern wohl auch möglich, unsere bisherigen im Internet genutzten Verschlüsselungsverfahren zu knacken. Die Rechner könnten einfach alle Kombinationen in ein paar Tagen ausrechnen. Das stellt bereits heute ein Sicherheitsrisiko dar, denn im sogenannten «Store now – decrypt later»-Verfahren wird Kommunikation heute aufgezeichnet, um später entschlüsselt zu werden. Daher empfehlen Datenschützer schon jetzt noch stärkere Verschlüsselungen. Quantencomputer sind eine neue Technologie mit starken Auswirkungen auf unsere Sicherheit.

Deutschland gehört zu den Ländern, die besonders viel Geld und Forschung in Quantencomputing stecken. Die Expertenkommission Forschung und Innovation der Bundesregierung (EFI) stellt in ihrem Gutachten Anfang 2025 eine gute Ausgangslage im Bereich Quantencomputing für Deutschland fest, vor allem in der Forschung. Die führende Nation sind aber auch hier wieder die USA, wo sowohl die Universitäten, aber auch Unternehmen wie IBM, Microsoft und Google an der Entwicklung eines Quantenrechners arbeiten.

Batterietechnologie ist ein weiteres aktives Forschungsfeld, das man zu den kritischen Technologien zählen kann. Aktuell dominieren Lithium-Ionen-Batterien, sowohl für Kleinelektronik als auch für Fahrzeuge. E-Fahrzeuge machen etwa 80 Prozent der Nutzung von Lithium-Ionen-Batterien aus.[7] Die Batterien haben viele Vorteile, vor allem im Bereich der Energiedichte und Lebensdauer, aber auch Nachteile, wie die notwendigen Rohstoffe, deren Abbau Mensch und Umwelt belastet, und schwieriges Recycling. Lithium-Ionen-Batterien erhitzen auch schnell und stellen somit eine Brandgefahr dar. In der Forschung werden unterschiedliche neue Technologien wie Festkörperbatterien oder Natrium-Ionen-Batterien getestet, bei denen statt Lithium Natrium eingesetzt wird, das auf der Erde in großen Mengen in Kochsalzverbindungen vorhanden ist. Aktuell können diese neuen Technologien allerdings in den Punkten Energiedichte und Lebenszeit noch nicht in Serienreife mit den Lithium-Ionen-Batterien konkurrieren.

Der Lithium-Ionen-Markt, vor allem im Bereich der großen Batterien für Elektrofahrzeuge, findet quasi vollständig in Asien statt. 90 Prozent dieser Batterien kommen aus Asien. China ist der größte Hersteller von Lithium-Ionen-Batterien weltweit mit mehr als 70 Prozent Marktanteil. Unternehmen wie CATL, BYD und CALB sind die Marktführer. In Deutschland gibt es keine nennenswerten Alternativen. Auch die deutschen Automobilhersteller sind in der Herstellung von Elektroautos hundertprozentig abhängig von Asien. Deutschland und die EU bemühen sich daher schon seit einigen Jahren verstärkt, die heimische Batterieproduktion zu stärken und weiter auszubauen. Aber das schwedische Unternehmen Northvolt beispielsweise, das eine Fabrik in Schleswig-Holstein geplant hatte, kämpft mit finanziellen Schwierigkeiten. Und auch der deutsche Batteriehersteller Varta, jahrzehntelang einer der internationalen Marktführer für Haushaltsbatterien und Mikrobatterien, entkam 2024 nur knapp der Insolvenz. Varta hat den Sprung in den Markt der großen Batterien für Elektroautos trotz Investitionen und Innovationsprojekten nicht geschafft. Die hohe Verschuldung des Unternehmens mündete 2024 in einer Restrukturierung zur Abwendung der Insolvenz. Seit April 2025 sind nun die Porsche AG und der österreichische Unternehmer Michael Tojner die neuen Anteilseigner der Varta. Varta wird sich nun auf seine Kernsegmente fokussieren und die Batterieproduktion für Elektroautos in einem Tochterunternehmen fortführen. Fakt ist, dass wir gerade bei den großen Batterien Jahre an Forschung und Produktion aufholen müssen, wenn wir eine nennenswerte Rolle spielen wollen.

Es gibt noch einige andere Technologiefelder, die zu den relevanten Zukunftstechnologien gehören. Biotechnologien etwa werden sich in den nächsten Jahren hochwahrscheinlich noch massiv entwickeln, und auch die Robotik, neue Materialien und Energietechnologien werden noch relevanter werden. Eine gute Übersicht, welche Länder welche Schlüsseltechnologien für sich als wesentlich identifiziert haben, stellt die Veröffentlichung des Rats für technologische Souveränität des Bundesforschungsministeriums dar.[8]

Die Bedeutung dieser neuen Technologien ist im internationalen Ringen besonders hoch. Ein Beispiel aus dem Bereich der Künstlichen Intelligenz verdeutlicht das: Im Moment sind amerikanische Anbieter hier mit großem Abstand führend. Die Vorherrschaft der USA in KI wird sehr deutlich in den Zahlen zu Investitionen und Neugründungen in dem Bereich.

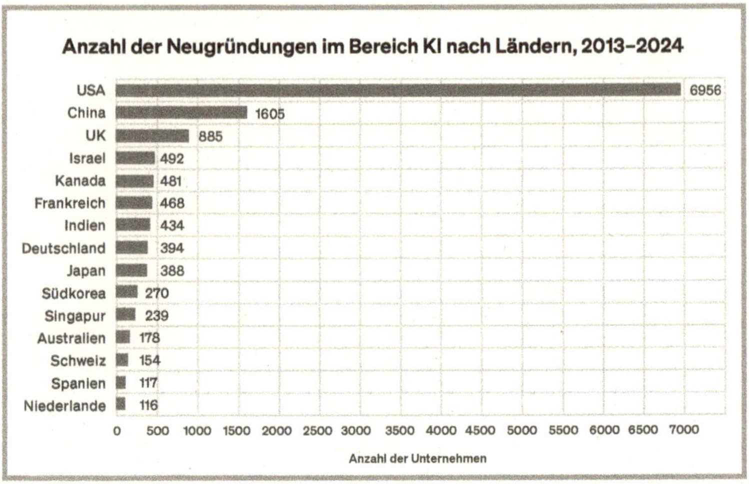

Quelle: 2025 AI Index Report

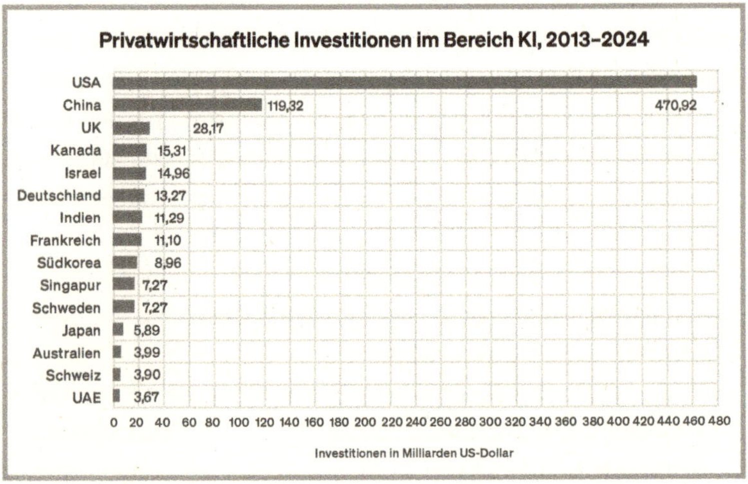

Quelle: 2025 AI Index Report

Die US-Regierung ist sich des wirtschaftlichen Vorteils der KI für ihr Land sehr bewusst. Um sinnvoll Künstliche Intelligenz entwickeln und nutzen zu können, braucht man eine bestimmte Sorte Mikrochips, sogenannte Graphics Processing Units, kurz GPU. Im Moment gibt es vor allem ein Unternehmen, das die Welt mit diesen Chips versorgt: Nvidia, gegründet und mit Hauptsitz in den USA. Der steile Aufstieg der generativen KI durch ChatGPT und Co hat Nvidia zu einem der wertvollsten Unternehmen der Welt gemacht, zeitweilig nahm es an der Börse sogar die Spitzenposition vor Apple und Microsoft ein. Mit dem AI Diffusion Act haben die USA bereits unter der Biden-Regierung Regelungen erlassen, welche Länder der Welt wie viele GPU-Mikrochips von amerikanischen Unternehmen kaufen dürfen. Anhand von drei verschiedenen Ländergruppen ist festgelegt, wie viele GPUs exportiert werden dürfen. Nur die Länder, die in die Klasse der vertrauenswürdigsten Partner fallen, haben keine Einschränkungen. Neben Großbritannien, Australien und Neuseeland sind dies auch Deutschland und einige weitere europäische Staaten. Aber nicht alle Länder Europas finden sich in der ersten Gruppe. Portugal zum Beispiel, die Schweiz und die meisten osteuropäischen Staaten gehören nicht dazu. China, das Hauptziel dieser Maßnahme und einige andere Staaten finden sich sogar in Kategorie drei, in der ein Bezug von GPUs zumindest rechtlich sehr erschwert bis unmöglich ist. Auch wenn der AI Diffusion Act im Moment pausiert ist, haben die USA, solange es keine ernsthaften Wettbewerber zu Nvidia gibt, damit eine Stellschraube, mit der sie beeinflussen können, welche Länder im KI-Bereich ernsthaft mitwirken können und welche außen vor bleiben.

Im Bundesministerium für Forschung (ehemals BMBF, inzwischen BMFTR) leitete ich zuletzt eine Abteilung mit dem etwas sperrigen Titel «Forschung und Innovation für Technologische Souveränität». Das Ziel der Abteilung war es, durch Forschungs- und Innovationsförderung Erkenntnisse und Wissen zu Schlüsseltechnologien in Deutschland hervorzubringen und im Schulterschluss mit den anderen Ministerien umzusetzen. Denn wenn man die Liste der Technologien oben aufmerksam liest, wird deutlich, dass sie zwar sehr verschieden sind, aber eines gemeinsam haben: Sie sind entweder neu oder entwickeln sich beständig weiter, sie brauchen Forschung. Und sie brauchen Innovation. Manche stehen noch am Anfang, wie die Quantencomputer, bei manchen gibt es bereits stabile Varianten, die aber noch weiterentwickelt werden, zum Beispiel in Künstlicher Intelligenz und den Mikrochips, bei denen das Rennen um noch schnellere und energiesparendere Methoden in vollem Gange ist. Aktuell wird weltweit etwa an einem fehlerkorrigierten Quantenrechner mit Quantenvorteil und an neuen Mikrochips auf analoger Basis geforscht.

Wenn ein Durchbruch in einer dieser Technologien erreicht wird, sind die Türen geöffnet zur nächsten Innovation. Und diese technologischen Innovationen sind nicht nur entscheidend für unsere Sicherheit, sondern ein potenzielles Fundament für künftigen Wohlstand. Das galt bereits für den Verbrennungsmotor und es gilt für die kommenden Technologien. Beim Verbrennungsmotor hat Deutschland gut agiert, ebenso wie bei anderen Technologien im 20. Jahrhundert. Dadurch, dass damals alle Voraussetzungen für ein hohes Maß an Souveränität erfüllt wurden, konnten Innovationen entstehen. Zahlreiche Unternehmen wurden gegründet, und viele wurden weltweit erfolgreich. Noch heute basiert ein großer Teil unseres Wohlstands auf diesen Innovationen. Doch bei Internet und digitaler Technologie hat das nicht geklappt, und das ist besorgniserregend, denn die Souveränität in den aufstrebenden Schlüsseltechnologien beeinflusst massiv die zukünftige Wettbewerbsfähigkeit einer nationalen Wirtschaft und damit letzten Endes den Wohlstand eines Landes.

1.2 Old Economy

Kennen Sie den Begriff der «Old Economy»? Ich war überrascht, dass er sogar im Duden zu finden ist, ebenso wie sein Gegenstück, die «New Economy». Laut Duden ist die Old Economy die «traditionelle Wirtschaft», zu der u.a. Maschinenbau, Chemie- und Automobilindustrie gehören. Die New Economy hingegen ist «der Wirtschaftsbereich, der junge, wachstumsorientierte Unternehmen aus Zukunftsbranchen umfasst.» Dazu zählt der Duden die Biotechnologie, Informationstechnologie und Multimedia. Neben den vom Duden genannten Bereichen gibt es noch ein paar Branchen, die zur «Old Economy» gehören: etwa die Ölindustrie und weitere Energieunternehmen basierend auf fossilen Energieträgern, Banken, Versicherungen, Stahlindustrie, Agrarindustrie. Mit anderen Worten, Branchen, denen Deutschland einen Großteil seines Wohlstandes verdankt.

Die folgende Tabelle zeigt die umsatzstärksten Unternehmen in Deutschland im Jahr 2023 mit ihren Geschäftsbereichen.[9]

Volkswagen	Automobilindustrie
Schwarz Gruppe	Mischkonzern, Einzelhandel (LIDL, Kaufland)
Allianz	Versicherung
BMW	Automobilindustrie
Mercedes-Benz	Automobilindustrie
Deutsche Telekom	Telekommunikation
Uniper	Fossile Energie

Robert Bosch	Mischunternehmen (Maschinenbau, Automobilzulieferer, Haushaltsgeräte, Werkzeuge, Energie- und Gebäudetechnik)
Deutsche Post	Logistik
Siemens	Mischkonzern (Energie, Industrielösungen, Gesundheit, Infrastruktur)
BASF	Chemie
Bayer	Chemie und Pharma

Schauen wir uns im Gegenzug mal die Liste der zwölf umsatzstärksten Unternehmen der USA an.

Walmart	Einzelhandel
Amazon	Onlinehandel, Technologie, Services
Apple	Technologie, Software
UnitedHealth	Versicherung
Berkshire Hathaway	Mischkonzern (Versicherung, Logistik, Energie, Handel)
CVS Health	Pharmazie Einzelhandel
Exxon Mobil	Fossile Energie
Alphabet	Software, Infrastruktur, Technologie
McKesson	Healthcare, Pharma
AmerisourceBergen	Arzneimittelgroßhändler
Costco Wholesale	Einzelhandel
Microsoft	Software, Infrastruktur, Technologie

In beiden Listen gibt es die Leistungsträger der «Old Economy», also Versicherungen, Energieunternehmen, die auf fossilen Energieträgern basieren, Pharma-Unternehmen und Einzelhandelsgiganten. Die Listen haben aber auch abweichende länderspezifische Eigenarten, wie die starken Einzelhändler in den USA und die dominanten Automobilhersteller in Deutschland. Aber vor allem ist auffällig, dass ganze vier der zwölf umsatzstärksten amerikanischen Unternehmen Digitalunternehmen sind, nämlich Amazon, Apple, Alphabet und Microsoft. In der Liste der deutschen Unternehmen hingegen fehlt die «New Economy» komplett.

Schaut man auf die Gründungsdaten der Unternehmen, liegt der Durchschnittswert der zwölf amerikanischen Unternehmen bei 1969. Der deutsche Mittelwert hingegen liegt bei 1922. Natürlich sind diese Zahlen noch kein schlagendes Argument dafür, dass sich die deutsche Wirtschaft auf einem absteigenden Ast befindet. Schließlich könnten auch Unternehmen der Old Economy sich wandeln und in neue Geschäftsbereiche vorstoßen. Aber ein Indiz ist es schon: Überall offenbaren sich digitale Grenzen.

Ein Beispiel: Im letzten Jahrhundert kam eigentlich niemand, der erfolgreich sein wollte, am Verbrennungsmotor vorbei. Er war im wahrsten Sinne des Wortes der Motor für den Fortschritt. Heute ist der Fortschrittsmotor kein physischer Motor mehr. Es ist ein Netzwerk an Servern, leistungsstarken Computern, auf denen riesige Datenmengen gespeichert werden können, die Cloud. Das sind unfassbar große digitale Infrastrukturen, die unter anderem von einigen der vier oben genannten amerikanischen Digitalfirmen angeboten werden und die als Basis für viele heutige Softwareangebote dienen. Als Softwareunternehmen brauchte man auch früher Server.

Üblich war, eigene Server zu kaufen und diese in einem Rechenzentrum unterzubringen, wo professionell für Stromversorgung und Kühlung gesorgt wurde. Das kostete eine kleine Miete an den Anbieter des Rechenzentrums. Ging der Server kaputt, musste man ihn selbst ersetzen. Heutzutage lagern Unternehmen nicht nur die Server selbst, sondern auch ganze Teile der eigenen Software an die Cloudanbieter aus. Die Anbieter stellen nicht mehr nur Server bereit, sondern Server inklusive Funktionalität, zum Beispiel eine vorinstallierte Datenbank nebst Aktionen, die man auf der Datenbank durchführen kann.

Und mit Datenbanken ist es nicht getan. Inzwischen bietet die Cloud auch eine KI-Service-Schicht. Statt einen eigenen Softwarecode zu schreiben, der KI-Funktionalität enthält, nutzt man einfach die vorgefertigten KI-Funktionen. Angenommen, ich möchte eine Software auf den Markt bringen, die automatisch Protokolle von Meetings erstellt. Dafür soll sie während des Meetings das Gespräch aufzeichnen und dann in Text übersetzen. Dafür kann ich einfach eine vorgefertigte KI-Funktion zur Transkription von Audio in Text des Cloudanbieters benutzen und in meine Software integrieren. Das geht schnell, und man kann sich darauf verlassen, dass die Funktionen gut getestet sind und funktionieren. So werden hiesige Software-Unternehmen mehr und mehr zu reinen Oberflächen-Entwicklern. Wären die verschiedenen Ebenen von Software eine Torte, dann würde ein deutsches Software-Unternehmen lediglich die Glasur bilden. Also das, was die Nutzer als Erstes zu sehen bekommen. Diese Glasur kann die Benutzeroberfläche einer Bank oder eines Geschäfts sein, bei dem man online Einkäufe tätigt, oder auch die Oberfläche einer Social-Media-App. Aber alles darunter, also die eigentliche Substanz der Torte, liegt längst nicht mehr in Deutschland. Sondern in riesigen, gut gekühlten Serverräumen der Digitalunternehmen. Für jede Nutzung einer vorgefertigten KI-Funktion oder einer vorbereiteten Datenbank bezahlen Unternehmen einen kleinen Preis im Centbereich an die Anbieter. Aber bei intensiver Nutzung der Software addieren sich die kleinen Beträge schnell zu hohen Kosten. Der Teil des Erlöses von Softwareunternehmen, der so an die Cloudanbieter weitergereicht wird, steigt damit stetig an. Gleichzeitig wächst auch die Abhängigkeit: Verlässt sich ein Softwareunternehmen zu großen Teilen auf vorgefertigte Funktionen und Datenbanken der Cloudanbieter, ist das ganze Produkt gefährdet, sollte der Zugang zu den Funktionen gesperrt werden.

Ein weiteres Geschäftsfeld, in dem sich amerikanische Unternehmen in den letzten Jahren nennenswert Marktanteile erkämpft haben, ist die Telekommunikation. Seit Beginn des 20. Jahrhunderts haben die Telefongesellschaften Netze aufgebaut, mit deren Hilfe wir kommunizieren können. Seit dem Aufkommen des Internets allerdings sind durch Voice-Over-IP-Technologie einige Dienste der Netze nicht mehr notwendig, um sich zu unterhalten oder Textnachrichten zu schicken. Durch den Vormarsch der Messenger ist die SMS abgelöst worden. Auch Telefonate sind über die Messenger möglich und werden über die Home Assistants wie Siri, Google Home und Alexa noch bequemer. Mit jedem dieser Dienste gewinnen die Digitalunternehmen ein Stück der Wertschöpfung hinzu.

Gleichzeitig zeichnet sich ab, dass China den Wettbewerb um unsere traditionellen industriellen Stärken für sich entscheiden könnte. Mit dem Maschinen- und Anlagenbau, dem Metallgewerbe, der Chemie- und Pharmabranche und der Automobilindustrie haben wir seit vielen Jahrzehnten vier starke Industriesektoren in Deutschland. Im Jahr 2023 machte das verarbeitende Gewerbe in Deutschland 20,4 Prozent der gesamten Bruttowertschöpfung aus. Vor allem die Automobilbranche ist unsere industrielle Leitbranche, mit Hunderten Zulieferern und vernetzten Geschäftsmodellen. Der Anteil des Fahrzeugbaus an der industriellen Wertschöpfung lag 2023 bei fast 20 Prozent. Der Anteil an der Bruttowertschöpfung der gesamten gewerblichen Wirtschaft betrug 5,5 Prozent.[10] Seit den späten 1990er-Jahren stieg die Bedeutung der Automobilhersteller sogar noch an. Der Grund war die starke Nachfrage auf dem chinesischen Markt. Aber der chinesische Markt hat sich verändert. Die Nachfrage nach deutschen Autos sinkt. In China wurden im Sommer 2024 erstmals mehr Elektroautos als Verbrenner zugelassen. Und der Marktanteil deutscher Automobilhersteller bei den E-Autos ist insgesamt gering. In China liegt er sogar nur bei fünf Prozent.[11] Und auch im europäischen Markt erlahmt die Nachfrage. Der Anteil der deutschen Automobilhersteller am Weltmarkt 2024 lag nur noch bei 17,3 Prozent. 2020 waren es noch 19,7 Prozent gewesen. Das macht sich bemerkbar: VW plant, bis 2030 35 000 Stellen abzubauen. Mercedes möchte fünf Milliarden Euro bis 2027 einsparen und dafür Tausende Stellen kürzen. Continental streicht bis Ende 2026 weltweit bis zu 3000 Stellen in der Forschung und Entwicklung. Schon in 2024 hatte Continental angekündigt, mehr als 7000 Stellen in der Automotive-Sparte abzubauen.[12]

Und auch die zweitstärkste deutsche Industrie, der Maschinenbau, steht vor Problemen. Jahrzehntelang haben deutsche Anlagenbauer weltweit Fabriken ausgestattet, aber seit einigen Jahren können sie immer schlechter mit den chinesischen Wettbewerbern konkurrieren. Das Volumen der Exporte von

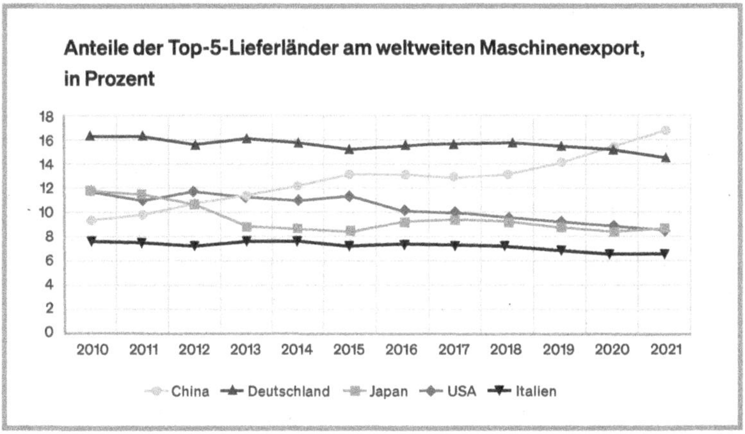

Anteile der Top-5-Lieferländer am weltweiten Maschinenexport, in Prozent

Quelle: Nationale Statistikämter, VDMA

deutschen Maschinenbauern wurde bereits zwischen 2020 und 2022 von der chinesischen Konkurrenz übertroffen.

Das spiegelt sich auch in den Zahlen des «World Competitiveness Ranking». Das Ranking des schweizerischen IMD World Competitive Center ist eine Rangliste der wettbewerbsfähigsten Staaten der Welt. «Wettbewerbsfähigkeit» wird definiert als die Menge der Dienstleistungen und Waren, die in einer Volkswirtschaft produziert und dann gewinnbringend auf dem eigenen und internationalen Märkten verkauft wurden. Deutschland hatte in der Vergangenheit immer eine sehr gute Stellung in dem Ranking. Zusammen mit der Schweiz war es lange Zeit das einzige europäische Land in den Top 10. Im Jahr 2014 sogar auf Platz 6. Im Vergleich zu 2024 (nur Platz 24 von 67) ist die deutsche Platzierung aufgrund internationaler Investments zwar wieder leicht auf Rang 19 gestiegen, jedoch ist die Wirtschaftskraft zeitgleich weiter zurückgegangen.[13]

Offensichtlich verdrängen andere Länder unsere Produkte

vom Markt oder unsere Produkte sind nicht länger nachgefragt. Wir befinden uns in einer Zange zwischen neuen digitalen Geschäftsmodellen, bei denen wir uns nicht ausreichend positioniert haben, und sinkender Bedeutung der klassischen industriellen Stärken, die für unseren Wohlstand entscheidend waren. Ein zögerliches Verhalten, wie wir es bei den digitalen Technologien gezeigt haben, können wir uns nicht noch mal leisten. Wenn es uns nicht gelingt, in dem Spiel um die nächsten Technologien mitzuspielen, wird sich unser Wohlstand mittelfristig verringern. Noch sind wir wohlhabend, aber wenn wir uns nicht erneuern, werden wir es bald nicht mehr sein. Wer sich auf alten Innovationen ausruht, wird überholt. Was wir stattdessen brauchen, sind neue Innovationen in den Zukunftstechnologien.

1.3 Innovationen

Mitten in Brandenburg, etwa eine Stunde südlich von Berlin entfernt, steht ein gigantisches Gebäude in der Landschaft, das man schon aus der Ferne gut erkennen kann. Es handelt sich nicht etwa um eine große landwirtschaftliche LPG-Anlage aus der DDR-Zeit, sondern um ein gewaltiges tropisches Schwimmbad. Für die vom Winter geplagten Brandenburger und Berliner ist die Halle ein Sehnsuchtsort, vor allem für Familien mit Kindern. Die Betreiber schreiben auf ihrer Webseite: «Der Dome gilt als eine der größten freitragenden Hallen der Welt. Er misst in der Länge 360, in der Breite 210 und in der Höhe 107 Meter. Die Freiheitsstatue von New York könnte darin stehen, der Eiffelturm von Paris darin liegen.»[14]

Bei aller Verzweiflung, die die Brandenburger und Berliner winters befällt, ist der Bau eines solchen Kolosses doch eine erstaunliche unternehmerische Entscheidung. Wer städtische Schwimmbäder kennt, weiß, dass es auch kleiner geht. Aber der Bau war tatsächlich nicht ursprünglich ein Schwimmbad. Bevor der Betreiber es übernahm und zum Schwimmbad umbaute, war es eine Werkhalle für den Zeppelinbau. Die Cargolifter AG wollte dort ab dem Jahr 2000 einen Zeppelin bauen, der Lasten für die Industrie transportieren und sie somit unabhängig von der klassischen Logistik auf der Straße und Schiene machen sollte. Das Unternehmen wurde 1996 gegründet und ging 2002 insolvent, da die technische Entwicklung immer teurer wurde und die Investoren das Vertrauen verloren. Gestartet war das Projekt mit großen Erwartungen. Es wurde als Innovation der Logistik gefeiert.

Im Alltag begegnen uns «Innovationen» auf Schritt und Tritt. Vielleicht waren Sie auch schon mal in einem Restaurant mit «innovativer Küche» oder sind an «innovativen Kochfeldern» verzweifelt. Das sind die, bei denen man immer aus Versehen die heiße Pfanne auf das Touch-Bedienelement stellt. Natürlich haben Sie auch innovative Apps verwendet. «Innovativ» ist ein Synonym für alles, was «neu», irgendwie «frisch» und auch «anders» ist. Jemand, der «innovativ» ist, ist jemand, der sich immer wieder etwas Neues ausdenkt. Da liegt es nahe, anzunehmen, dass eine Innovation die Bezeichnung für eine neue Idee ist, eine Kollektion unbekannter Ekel-Eissorten nach Vorbild von Harry Potter zum Beispiel.

Tatsächlich ist eine Innovation aber mehr als eine Idee. Wenn wir davon sprechen, dass ein Unternehmen innovativ ist, meinen wir nicht, dass dort interessante Ideen geboren werden, sondern dass diese auch in die Praxis umgesetzt werden und sich auf dem Markt durchsetzen. Denn auch wenn Erfindungen notwendige Voraussetzung für Innovationen sind, ist der Kern von Innovation doch, dass sie über den Status einer reinen Idee hinausgeht und sich in einem erfolgreichen Produkt, einem Prozess oder einem Geschäftsmodell ausdrückt. Dadurch generieren Innovationen einen Wert für eine Volkswirtschaft, eine Gesellschaft und manchmal für die ganze Welt. Deshalb führen Innovationen zu wirtschaftlichem Wachstum und in der Folge auch zu Wohlstand. Die Cargolifter AG ist durchaus weit gekommen, aber zur vollen Innovation hat es die Idee der Zeppelinlogistik nicht geschafft. Hätte das Modell funktioniert, wäre der Zeppelinhangar jetzt vielleicht das Zentrum einer innovativen Logistik made in Germany und würde sich positiv auf die Region und die deutsche Volkswirtschaft auswirken.

Den Zusammenhang zwischen Wohlstand und Innovation haben Ökonomen schon vor vielen Jahrzehnten festgestellt und seitdem erforscht. Innovationen haben das Potenzial, ganze Märkte zu ändern oder zu erschaffen, aber auch das menschliche Leben maßgeblich zu verändern. Hin und wieder passieren Innovationen, die die Welt quasi umkrempeln. Sie werden in Fachkreisen auch «Sprunginnovationen» genannt. Zu den Sprunginnovationen der Menschheitsgeschichte gehören u. a. die Wassertoilette, das Fahrrad, der Buchdruck, die Dampfmaschine, der Computer, der Verbrennungsmotor und das Penicillin. Im Schatten dieser großen Umwälzungen gibt es aber auch unzählige kleinere Innovationen, die uns gar nicht weiter auffallen, aber existierende Produkte Schritt für Schritt optimieren oder effizienter machen. Man nennt diese häufig «inkrementelle Innovationen». Beispiele für inkrementelle Innovationen könnten eine stufenweise verbesserte Lichtabsorption von Solaranlagen sein oder ein effizienterer Benzinverbrauch im Verbrennungsmotor.*

Der bekannte Volkswirt und Sozialwissenschaftler Joseph Schumpeter, der von 1883 bis 1950 lebte und noch immer als einer der einflussreichsten Ökonomen der Welt gilt, prägte den Begriff der «schöpferischen Zerstörung». Wirtschaftliche Entwicklung wird demnach nur durch ständiges Ersetzen des Alten durch das Neue möglich. Durch den kontinuierlichen Austausch von Prozessen, Produkten und Methoden entsteht Innovation und darauf aufbauend Wachstum.

Lebt man so wie ich in einer Großstadt, kann man das Gefühl bekommen, dass die Bemühungen um Innovation in Deutschland durchaus Früchte tragen. Durch die vorhandene Omnipräsenz von Car-, Bike- und Roller-Sharing-Anbietern, Essenslieferdiensten und Amazon-Lieferwagen könnte man den Eindruck gewinnen, dass wir von Innovationen nur so überrollt werden. Doch der Schein trügt.

Zum einen wird der Innovationscharakter dieser Geschäftsmodelle und Angebote durchaus hinterfragt. Die Autoren Rafael Laguna de la Vera und Thomas Ramge schreiben in ihrem Buch zu «Sprunginnovation»,[15] dass wir in Wirklichkeit gerade eine Innovationsstagnation erleben. Stattdessen bezeichnen sie unsere Zeit als Zeitalter des «Innovationstheaters», in dem viel Wind um Scheininnovationen gemacht wird, die realistisch betrachtet nur geringe volkswirtschaftliche Wohlstandsgewinne produzieren werden. Zur Wahrheit gehört auch, dass

* Auch nichttechnische Innovationen, wie soziale Innovationen, haben Auswirkungen auf die Gesellschaft. Dieses Buch widmet sich aber vor allem den technischen Innovationen, denen im Kontext von Souveränität und Wohlstand eine besondere Bedeutung zukommt.

eine sehr große Zahl dieser «Innovationen» nicht aus Deutschland stammt. Selbst wenn also ein Wohlstandsgewinn durch sie entsteht, und sei er noch so gering, kommt er nicht uns zugute.

Viele Länder haben den Hebel der Innovationen für ihren Wohlstand und ihre Sicherheit inzwischen erkannt. Sie versuchen daher, das Innovationsgeschehen aktiv zu stärken. Wenn es gelänge, durch bestimmtes Handeln regelmäßig technische Innovationen herbeizuführen, profitierten davon Wertschöpfung und Wohlstand. Doch noch immer entziehen sich Innovationen einer einfachen Formalisierung. Wann und unter welchen Umständen eine Innovation entsteht, hängt von vielen Faktoren ab. Die meisten Theorien sind sich jedoch einig, dass Forschung einen wichtigen Stellenwert in der Gleichung einnimmt, sowohl Grundlagenforschung als auch angewandte Forschung (auch «Forschung & Entwicklung», F&E, genannt). Forschung und Entwicklung sind die erste Phase des Innovationsprozesses und produzieren die notwendigen Erfindungen für die Technik von morgen. Man kann sich das wie ein Saatgut vorstellen: Natürlich hat man keine Garantie, dass von 100 Tomatensamen einer besonders gut wächst und gedeiht. Es kommen weitere Faktoren hinzu, wie gute Erde, eine ausreichende Wasserversorgung und eventuell etwas Dünger ab und an. Wenn man allerdings gar keinen Samen einpflanzt, ist hundertprozentig sicher, dass man niemals eine erfolgreiche Tomatenpflanze haben wird.

Die meisten Staaten streben daher an, Forschung und Entwicklung in ihrem Land zu steigern. Als vergleichende Kennzahl wird regelmäßig das Verhältnis der Ausgaben in Forschung und Entwicklung zum Bruttoinlandsprodukt eines Landes genutzt. Deutschland hat in 2023 3,1 Prozent seines

Bruttoinlandproduktes in F&E investiert.[16] Dazu zählen sowohl die Investitionen der deutschen Unternehmen in hauseigene Forschung als auch öffentlich geförderte Forschung. Die USA investierten 3,6 Prozent. Die Europäische Union als Ganzes 2,1 Prozent, Spitzenreiter ist Israel mit 6 Prozent. Deutschland hat sich als Ziel für 2025 eine Quote von 3,5 Prozent gesetzt. Europa als Ganzes verfolgt das Ziel, 3 Prozent zu erreichen.

Ebenso wie bei der Tomatenpflanze ist eine hohe Quote kein hundertprozentiger Garant für Innovationen, aber geringe Investitionen in Forschung und Entwicklung scheinen durchaus eine messbar negative Auswirkung auf die Innovationsaktivität eines Landes zu haben. Die Ökonomin Mariana Mazzucato stellt beispielsweise fest, dass die Länder, die es in der Eurokrise 2010 besonders hart getroffen hat, ausgerechnet die mit einem geringen F&E-Engagement waren, wie Griechenland und Italien.[17] Im Jahr 2022 hat Griechenland nur 1,5 Prozent und Italien 1,3 Prozent ihres jeweiligen BIP für Forschung und Entwicklung ausgegeben.

Auf den ersten Blick sieht unsere solide F&E-Quote im internationalen Mittelfeld so aus, als wären Innovationen in Deutschland umsetzbar und erwartbar. Trotzdem schrumpfen unsere Wirtschaft und Wettbewerbsfähigkeit, und es fühlt sich auch subjektiv ganz offensichtlich für viele Menschen nicht so an, als wären wir Weltspitze in technologischen Innovationen. Wo genau liegt also das Problem? Liefert die deutsche Forschung trotz Quote keine Ergebnisse? Im folgenden Kapitel werfen wir einen detaillierteren Blick auf die deutsche Forschungslandschaft, um zu verstehen, welche Wege Innovationen in Deutschland gehen.

2
Wir sind reich an Erfindern

Im Jahr 1861 stellte der Physiker Philipp Reis dem physikalischen Verein in Frankfurt am Main ein Gerät vor, das Sprache mithilfe von Strom über ein Kabel übermitteln konnte. Er nannte seine Erfindung «Telephon», was sich aus den griechischen Wörtern «tele» für «fern» und «phonae» für «Stimme» zusammensetzte. Das Gerät war dem menschlichen Ohr nachempfunden und konnte Signale nur in eine Richtung übertragen. Bei der Präsentation schwankte die Übertragungsqualität leider so stark, dass die Erfindung nicht ernst genommen wurde. Obwohl der als Bäckerssohn geborene Lehrer für Französisch und Naturwissenschaften in den nächsten Jahren beharrlich an seinem Apparat arbeitete und ihn mehrfach verbesserte, war ihm ein Triumph mit der Telefonie zu seinen Lebzeiten nicht vergönnt. Er starb in Friedrichsdorf in der Nähe von Frankfurt im Jahr 1874 an Tuberkulose, bevor die Technologie sich durchsetzen konnte. Aber er hatte den wichtigen ersten Schritt für die Innovation der Telefonie getan: die technische Erfindung.

Philipp Reis reiht sich ein in eine lange Linie von deutschen Erfindern und manchmal auch Erfinderinnen. Deutsche und deutsche Forschungsinstitutionen haben lauter bekannte und jede Menge dem Laien eher unbekannte Erfindungen getätigt. Zu den Bekannten gehören: die Glühbirne (Heinrich Göbel), der Computer (Konrad Zuse), das mp3-Format (Fraunhofer-Gesellschaft), der Kaffeefilter (Melitta Bentz), die Barbiepuppe (die Bild), Aspirin (Felix Hoffmann) und sogar das erste nahtlose Gummikondom (Julius Fromm).

Und dieser Erfindungsgeist ist nicht versiegt. Seit fast zwanzig Jahren bewege ich mich in verschiedenen Positionen durch das deutsche Innovationsgeschehen im Bereich Digitales und Künstliche Intelligenz. Dabei lerne ich täglich spannende Forschung und Ergebnisse aus Deutschland oder von Deutschen kennen, die mich jedes Mal aufs Neue verblüffen. Sowohl als Wissenschaftlerin, als Start-up-Gründerin, als Leiterin eines Start-up-Inkubators für wissenschaftsnahe Unternehmensgründungen als auch als Leiterin der Abteilung für Technologische Souveränität und Innovation im Bundesforschungsministerium kann und konnte ich Erfindungsgeist aus Deutschland in allen Facetten bewundern.

In Deutschland wird alles Erdenkliche erfunden: Es gibt Forschung, die mit der Analyse von Gehirnströmen oder der Beobachtung von Augenbewegungen, Schlaganfallpatienten das Sprechen ermöglicht und intelligente Rollstühle steuert. Deutsche Forschung hat neue Diamantköpfe für Tunnelbohrmaschinen im Bergbau hervorgebracht, besondere Laserspiegel, mit denen Licht stärker als je zuvor gebündelt werden kann, und Quantenkommunikation, bei der verschränkte Quantenzustände als Schlüssel durch mehrere Hundert Kilometer Glasfaserleitungen übertragen werden.

Die Man- und in wachsendem Anteil auch Womanpower der deutschen Forschung, die mir auf Schritt und Tritt begegnete, war von Anfang an beeindruckend für mich. Überall gab es schlaue Köpfe, die sich mit Fragen und Erkenntnissen für unsere Welt von morgen beschäftigten.

Obwohl in der Diskussion um Künstliche Intelligenz eher selten deutsche Namen fallen, wurden auch ganz entscheidende KI-Erfindungen an deutschen Universitäten gemacht. Die sogenannten «Long Short-Term Memory»-(LSTM)-Einheiten wurden 1997 von den Professoren Sepp Hochreiter und Jürgen Schmidhuber erfunden und veröffentlicht. Diese Weiterentwicklung ermöglicht der Technologie der künstlichen neuronalen Netze ein Gedächtnis und macht sie so deutlich leistungsstärker. LSTM wurde in Amazons Alexa, Apples Siri und Google Translate eingesetzt und ist eine Grundvoraussetzung für den Erfolg von KI-Modellen wie GPT. Und eines der ersten und weltweit meist genutzten Bild-Generierungsmodelle «Stable Diffusion» wurde am Lehrstuhl von Professor Björn Ommer an der LMU in München entwickelt.

Am Deutschen Forschungszentrum für Künstliche Intelligenz im Saarland, an dem ich promoviert habe, wird seit Jahrzehnten zu unterschiedlichen KI-Themen geforscht, von der Robotik über die industrielle Nutzung bis hin zur Übersetzungssoftware. Es gibt autonome Marsroboter, smarte Förderbänder für die Produktion und jede Menge Ideen, wie Sprachbarrieren abgebaut werden können. Ich beschäftigte mich in meiner Forschungszeit mit Sprachverstehen und Dialog mit Computern. Zusammen mit meinen Kollegen in der Forschungsgruppe entwickelten wir eine Software, die Wissen aus dem Internet extrahierte und dabei verschiedene Fakten automatisch in Beziehung zueinander setzte. Als spielerischen Anwendungsfall wurden dabei Informationen kombiniert, welcher berühmte Schauspieler mit wem verheiratet war und welche Kinder hatte. Prototypisch entwickelt mit dem Wissen über Promis, ihre Ehen und Kinder, war diese Methode nutzbar für breite Anwendungsgebiete, wie zum Beispiel, um Wissen zu verschiedenen Bauteilen in der Produktion automatisch aufzubauen oder Medikamente und ihre verschiedenen Wirkstoffe und Bezüge zu klassifizieren.

Deutsche waren und sind durchgängig an relevanten Erfindungen beteiligt. Zu der Zeit, als Schmidhuber und Hochreiter ihre Entdeckung machten und ich mein Studium begann, befand sich die KI im sogenannten «KI-Winter». In den späten 90er- und 2000er-Jahren interessierte sich nämlich kaum jemand für das Thema. Ich erinnere mich, dass mein Seminar zu Neuronalen Netzen in einem vollkommen fensterlosen Seminarraum der Uni Köln stattfand. Außer mir gab es genau vier weitere Studierende, auf die das Wort «Nerd» wohl perfekt zutraf. Unser Professor war ein älterer Herr, der immer im kompletten Anzug mit Weste, Einstecktuch und Zylinder erschien. Das ganze Seminar wurde in LISP gehalten, einer Programmiersprache, die schon damals als veraltet galt. Sie organisiert alles, wirklich alles, in Listen, als wäre es möglich, jede Software durch Abfolgen zu gestalten wie gigantische Einkaufslisten. Eigentlich schrie damals jeder Aspekt des Seminars «outdated» und «uninteressant». Wir ließen uns trotzdem nicht abbringen.

Der Professor durchlief in meinen späteren Semestern eine seltsame Verwandlung. Er erschien plötzlich in Sweater und Sneakern und ohne den Hut. Dass dieser Stilwechsel als Zeichen für ein viel größeres Bild verstanden werden konnte, bemerkte ich erst viel später. Denn die Aufwertung von KI war damals noch nicht spürbar. Heutzutage sind Seminare zu Neuronalen Netzen so überlaufen, dass die Studierenden den Gang raus stehen.

Selbst in dieser Zeit, als Künstliche Intelligenz nicht viel Aufmerksamkeit erfuhr, wurde an deutschen Universitäten dazu geforscht. Anscheinend läuft in der Forschung in Deutschland einiges richtig. Das bekräftigen auch unabhängige Stellen. So stellt eine Studie der OECD zur Künstlichen Intelligenz im Jahr 2024 fest: «Die deutsche Forschung leistet in der KI-Entwicklung Pionierarbeit in allen wichtigen KI Teildisziplinen und positioniert Deutschland als ein Land, das globale KI-Trends und -Standards maßgeblich mitbestimmt.»[1]

Auch in anderen Forschungsbereichen als der KI ist Deutschland stark in der Forschung. Im «Nature Index» der Zeitschrift *Nature*, einem Ranking, das die wissenschaftliche Leistung von Institutionen und Ländern in den Gesundheits- und Naturwissenschaften erfasst, steht Deutschland auf Platz 3 weltweit, nur hinter China und den USA. Schauen wir uns die deutsche Forschungslandschaft also noch ein bisschen genauer an.

2.1 Fakten über Forschung in Deutschland

In Deutschland forschten im Jahr 2023 818 054 Personen in Wirtschaft, Hochschulen und Forschungseinrichtungen.[2] Ein Drittel der Forschung entfällt dabei auf Unternehmen. Besonders intensiv forschen die deutschen Großunternehmen der Pharmaindustrie, gefolgt von der Elektronikbranche und dem Automobilbau. Bayer, der größte Pharmakonzern Deutschlands, hat 2023 fast sechs Milliarden Euro in Forschung und Entwicklung investiert[3] bei einem Umsatz von insgesamt 47,6 Milliarden. BioNTech, seit seinem COVID-Impfstoff eines der sieben größten Pharmaunternehmen Deutschlands, investierte in 2023 sogar 1,78 Milliarden Euro in Forschung und Entwicklung bei einem Umsatz von 3,8 Milliarden Euro.[4] Als junges Unternehmen setzt BioNTech sichtbar stark auf neue Erfindungen. Vor allem im Bereich der Onkologie.

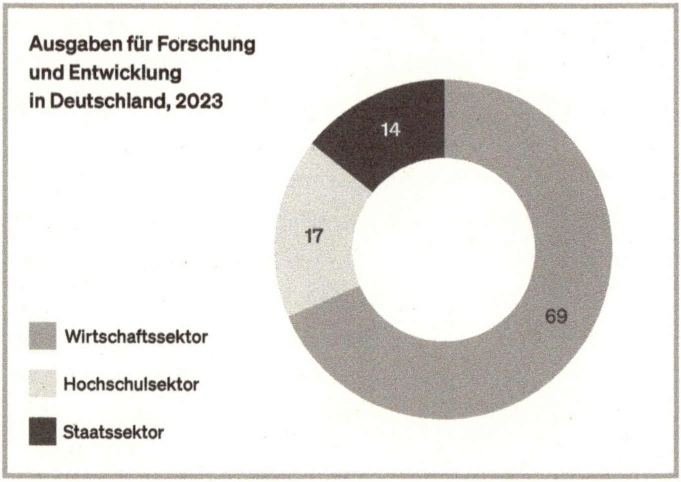

Quelle: Statistisches Bundesamt (Destatis)

Aber nicht nur die deutschen Unternehmen investieren in Forschung und Entwicklung, auch der deutsche Staat beteiligt sich maßgeblich an der Forschungsförderung. Ein Drittel der Ausgaben für Forschung kommen aus dem Haushalt von Bund und Ländern.

Deutschland hat ein diverses Angebot von öffentlich geförderten Forschungseinrichtungen. Wir verfügen nicht nur über 430 staatlich anerkannte Hochschulen, sondern außerdem über 353 außeruniversitäre Forschungseinrichtungen. Dazu kommen private Hochschulen und teilprivat finanzierte Forschungseinrichtungen. Insgesamt gibt es in Deutschland etwa 1000 Forschungsstandorte außerhalb der Unternehmen. Vor allem die außeruniversitären Forschungsverbünde stechen heraus. Mit der Helmholtz-Gemeinschaft, der Max-Planck-Gesellschaft, der Fraunhofer-Gesellschaft und der Leibniz-Gemeinschaft leistet sich Deutschland vier große unabhängige Forschungsorganisationen. Sie unterscheiden sich in ihrer Ausrichtung: Während man sich bei Max-Planck auf die Grundlagenforschung fokussiert, hat die Fraunhofer-Gesellschaft ihren Schwerpunkt auf der anwendungsorientierten Forschung. Die größte Forschungsgemeinschaft, die Helmholtz-Gemeinschaft, fokussiert sich auf Forschung in großen komplexen Systemen, wie Klima, Umwelt und Medizin, und die Leibniz-Gemeinschaft besonders auf den Transfer von Wissen in Politik und Gesellschaft. In den Forschungsorganisationen arbeiteten im Jahr 2023 fast 100 000 Vollzeitstellen.

Seit 2005 gibt es ein Gesetz, das den vier Forschungsorganisationen und der Deutschen Forschungsgemeinschaft (DFG) eine verbindliche Grundfinanzierung garantiert, den «Pakt für Forschung und Innovation». Der Pakt befindet sich inzwischen in seiner vierten Laufzeit, die 2030 enden wird. Er definiert nicht nur feste Budgets, sondern auch einen jährlichen Anstieg um einen verbindlichen Prozentsatz. Durch die Aufwüchse pro Jahr werden allein in der aktuellen Laufzeit Mehrwerte von bis zu 17 Milliarden für die Forschung mobilisiert.[5] In Gegenleistung zur festen Finanzierung verpflichten sich die Paktorganisationen, mit der Politik gemeinsam verabschiedete Ziele zu verfolgen, die sich auf die Weiterentwicklung von gesellschaftlichen Fragen wie der Energiewende fokussieren. Das Gesetz ist ungewöhnlich in der internationalen Wissenschaftspolitik und immer wieder auch Gegenstand von Kritik, vor allem im Hinblick auf Universitäten, Hochschulen und andere Forschungszentren, die nicht berücksichtigt sind, wird aber von vielen Forschenden im Ausland mit Neid betrachtet.

Neben der institutionellen Grundförderung der Forschungseinrichtungen gibt es weitere Mittel des Bundes, der Länder und auch der Europäischen Union in der Projektförderung. Bei dieser Art der Finanzierung definieren die Zuwendungsgeber, also zum Beispiel der Bund, Forschungsbereiche und -themen, die sie als für die Gesellschaft relevant identifiziert haben. Dazu gehören zum Beispiel die Schlüsseltechnologien aus Kapitel 1, aber auch viele andere Bereiche, wie die Gesundheitsforschung, die Energieforschung oder die sozialwissenschaftliche Forschung. Für diese Themen werden dann über einen festen Zeitraum Programme definiert und Budgets vorgesehen. Interessierte Forschungseinrichtungen, Unternehmen oder Hochschulen können sich dann um eine Finanzierung für ein Projekt, das inhaltlich zu dem Programm passt, bewerben. Auch für NGOs, Behörden und weitere Organisationen gibt es solche Förderprogramme. Manche Programme richten sich explizit an Verbünde von Projektpartnern, zum Beispiel ein Unternehmen und eine Universität zusammen, andere sind auf einzelne Bewerber ausgelegt.

Die Projektförderung ist ein Klassiker der Forschungsförderung nicht nur in Deutschland. Sie zeichnet sich durch zeitliche Begrenzung und maßnahmenbezogene Ausgaben aus. Die Laufzeit der Projekte bewegt sich dabei zwischen einem und fünf Jahren. Manche Projekte laufen sogar bis zu 20 Jahre oder länger. Ein absoluter Luxus verglichen mit dem Ausland, in dem Forschungsprojekte von maximal einem bis zwei Jahren Laufzeit keine Seltenheit sind.

Zwei Beispiele aus dem Bundesministerium für Forschung: Seit mehr als zehn Jahren fördert das Ministerium Projekte im Thema «Quantentechnologien». Quantentechnologien sind eine wegweisende Zukunftstechnologie. Mit Quantensensoren sind bereits jetzt Untersuchungen möglich, die vorher in der Genauigkeit nicht durchführbar waren. Die Sensoren sind sehr empfindlich und können so winzige Veränderungen in Temperaturen oder Dichte messen. Mit weiterer Forschung könnten diese Sensoren robuste und exakte Analysen von Blutproben, Gehirnströmen oder Erdreich produzieren, mit denen ganz neue Anwendungen denkbar werden. Quantencomputer hingegen werden bestimmte Rechenprobleme vor allem in Simulationen großer komplexer Modelle, zum Beispiel Klimamodelle, ermöglichen. Die Bundesregierung fördert die Quantentechnologien in etlichen Programmen mit dem Ziel, die Technologie hier zum Durchbruch zu führen.*

Für die Erforschung Künstlicher Intelligenz hat die Bundesregierung seit der Verabschiedung der KI-Strategie im Jahr 2018 bis zu ihrem Ablauf Ende 2025 3,6 Milliarden Euro bereitgestellt. Die Mittel wurden für etliche Programme mit unterschiedlichem Schwerpunkt genutzt, von der Förderung von Nachwuchsforscherinnen bis zum Programm für Künstliche Intelligenz in der Bauindustrie.

Im Ausland ist das deutsche Wissenschaftssystem gut bekannt. Forschende aus der ganzen Welt kommen für einen Aufenthalt nach Deutschland. Die größte Gruppe kommt aus Europa, allen voran Italien, die zweitgrößte aus Asien. Dabei sind die außeruniversitären Forschungseinrichtungen bei den internationalen Forschenden noch beliebter als die Hochschulen. Im Jahr 2022 waren rund 30 Prozent des gesamten wissenschaftlichen Personals der außeruniversitären Forschungseinrichtungen aus dem Ausland.[6] In der Max-Planck-Gesellschaft

* Wer es ganz genau wissen möchte und keine Berührungsängste mit physikalischen Details hat, kann sich auf der Website www.quantentechnologien.de alle Projekte einzeln anschauen.

liegt der Anteil sogar bei mehr als der Hälfte (knapp 53 Prozent). Dieser besonders hohe Anteil an ausländischen Forschenden hat zum einen strukturelle Gründe, da hier nicht mit Stipendien, sondern mit Arbeitsverträgen gearbeitet wird. Ein weiterer Grund ist aber sicherlich das enorme Renommee dieser Forschungsorganisation. Mit 31 Nobelpreisträgern in den Naturwissenschaften zwischen 1915 und 2023 ist die Max-Planck-Gesellschaft international bekannt und eine beliebte Gastorganisation für exzellente Forschende aus der ganzen Welt. Sie ist die Forschungseinrichtung mit den meisten Nobelpreisträgern in Europa und muss sich weltweit nur der University of California und der Harvard University geschlagen geben.[7]

Deutschland ist nach den USA das zweitattraktivste Zielland für ausländische Wissenschaftlerinnen in Anstellung. In den USA arbeiteten 85 000 ausländische Wissenschaftlerinnen an öffentlichen Hochschul- und Forschungseinrichtungen, im deutlich kleineren Deutschland 75 200. Zum Vergleich: In Frankreich sind es hingegen nur 16 900. Dieser Trend könnte sich durch die Veränderungen in der Wissenschaftspolitik der USA sogar noch verstärken. Seit dem Beginn von Trumps zweiter Amtszeit hat sich die Situation für die Forschung in den USA verschärft. Politisch ungeliebten Forschungsthemen wie Diversitätsforschung, Energieforschung und medizinische Forschung wurden Mittel gekürzt, Tausende Wissenschaftler entlassen. Viele US-Forschende orientieren sich nun nach Europa, darunter exzellente Forschende, die bisher in den USA die besten Bedingungen vorgefunden hatten. Diese Forscherinnen sind eine große Chance für Deutschland und Europa. Wenn es uns gelingt, für diese internationalen Toptalente als Standort attraktiv zu sein und zu bleiben, werden wir davon profitieren. Auch die USA haben einmal besonders von der Emigration europäischer Wissenschaftler profitiert: Vor der Zeit des Nationalsozialismus gab es in Deutschland bahnbrechende Forschung zu aktuellsten Themen in den Naturwissenschaften. Wichtige Erkenntnisse unter anderem im aufstrebenden Feld der Quantenphysik kamen aus deutschen Universitäten. Die Quantenphysik ist die Grundlage für die bereits erwähnten Quantensensoren und Quantencomputer. Doch während des Nationalsozialismus emigrierten viele teilweise sehr berühmte Physiker ins Ausland, vor allem in die USA. Die «Verlustquote» der führenden Denker in der Quantenphysik betrug 25 Prozent, darunter Albert Einstein, Erwin Schrödinger und James Franck.[8] Mit dem Ergebnis, dass heutzutage die USA führend auch in den Quantentechnologien sind.

Auch die deutschen Forschenden sind sehr mobil und gehen oft für eine Zeit ins Ausland. Die beliebtesten Gastländer sind dabei die Schweiz, Österreich und Großbritannien, wobei weitere Länder nicht ausgeschlossen sind, dazu aber nicht immer vollständige Zahlen vorliegen. Bei den Promovierenden waren jahrzehntelang außerdem die USA beliebt. Schaut man nicht nur auf die Gesamtzahl, sondern auch auf den Anteil deutscher Doktoranden im Vergleich zu anderen internationalen Promotionsstudierenden, machen Deutsche die größte Gruppe der ausländischen Doktoranden in Neuseeland aus (56 %) und fast die Hälfte der internationalen Doktoranden in Australien (48 %).

Zusätzlich kommen auch internationale Studierende gerne nach Deutschland. Die meisten Studierenden kommen aus Indien, China, Syrien, Österreich und der Türkei, aber diese Spitzenreiter machen zusammen nur 30 Prozent der ausländischen Studierenden in Deutschland aus. Die restlichen 70 Prozent verteilen sich über sehr viele verschiedene Herkunftsländer weltweit. Die Diversität der ausländischen Studierenden in Deutschland ist deutlich höher als beispielsweise in den USA oder Großbritannien, wo als Herkunftsländer China und Indien das Bild maßgeblich bestimmen. Hier zeigt sich deutlich das traditionelle Bild Deutschlands als qualitativ hochwertiges Ausbildungsland ohne hohe Ausbildungskosten.

Deutschland ist durch diese intensiven weltweiten Kontakte eng in der internationalen Forschungsgemeinschaft vernetzt. Die starke Kollaboration von deutschen Forschenden mit ausländischen Wissenschaftlerinnen zeigt sich auch in der Menge der Publikationen, die als gemeinsames Werk von deutschen und internationalen Forschenden geschrieben werden.

Das deutsche Forschungsökosystem ist also offensichtlich im internationalen Vergleich erfolgreich. Aber was steht dahinter, wenn wir behaupten, die deutsche Forschung sei erfolgreich? Was bedeutet überhaupt «erfolgreich sein» im Kontext der Wissenschaft?

2.2 Wie misst man erfolgreiche Forschung?

Als ein befreundeter Wissenschaftler in der Mittagspause erzählt, dass er eine Professur angeboten bekommen hat, sind wir, der Rest der Forschungsgruppe, natürlich direkt neugierig. Die Professur ist nicht nur der Adelsschlag der akademischen Karriere. Sie ist das alleinige Ziel. Und sie ist rar. Es gibt viel weniger Professuren, als es Stellen im sogenannten «Mittelbau» gibt, also der Zeit zwischen Master und Habilitation. Eine Professur verliert man nicht mehr, man hat sie ein Leben lang, zumindest wenn man sich nicht groben Fehlverhaltens schuldig macht. Die Zahl der Professuren aber ist endlich, das heißt, sofern nicht neue Professuren geschaffen werden, muss man warten, bis jemand in Rente geht, um eine Chance auf eine Professur zu erhalten. Auf eine Professur gibt es daher in der Regel sehr viele Bewerberinnen. Um sich in diesem Rennen durchzusetzen, muss man in die Liga der besten und erfolgreichsten Forscher gehören und das häufig international, denn die Besetzung mit Personen aus dem Ausland ist, wie wir gesehen haben, nicht unüblich.

Eine Chance auf eine Professur haben nur diejenigen, die über Jahre oder Jahrzehnte erfolgreich geforscht und ihre Forschung publiziert haben, und zwar in den richtigen wissenschaftlichen Zeitschriften und Konferenzen ihrer Fachrichtung. Jeder Fachbereich hat anspruchsvolle und weniger anspruchsvolle Tagungen, Zeitschriften und Buchreihen. Wer in einer wissenschaftlichen Zeitschrift veröffentlichen darf oder für einen Konferenzbeitrag zugelassen wird, entscheiden Jurys aus renommierten Experten in dem entsprechenden Bereich. Die Forschenden schreiben Artikel über ihre Forschung und legen sie den Jurys zur Bewertung vor. Kriterien für die Bewertung sind einerseits die Qualität des Artikels selbst, aber vor allem natürlich die darin veröffentlichte Forschung: Ist sie originär? Ist sie bahnbrechend? Kann sie reproduziert und getestet werden? Ist sie ordentlich evaluiert, also geprüft, und bewiesen worden? Welche Kriterien wie gewichtet werden, ist von Konferenz zu Konferenz und Zeitschrift zu Zeitschrift unterschiedlich. Die anspruchsvollsten Zeitschriften und Konferenzen haben eine sehr geringe Akzeptanzrate, teilweise unter 10 Prozent. Die Chance, dass ein eingereichter Artikel tatsächlich publiziert wird, ist sehr gering und eine erfolgreiche Veröffentlichung damit ein starkes Gütesiegel.

Die gesamte Karriere von Forschenden dreht sich um diese Publikationen herum. Ihr Erfolg wird allein anhand ihrer Veröffentlichungen bemessen. Andernorts würde längst der Betriebsrat oder der Personalrat einschreiten, aber nicht so bei Wissenschaftlerinnen. Ihre Performance ist dauerhaft transparent und ablesbar.

Da es allerdings Hunderte, sogar Tausende von Fachzeitschriften und Konferenzen gibt, fällt es schwer, den Überblick zu behalten. Daher gibt es Messmethoden, die das erleichtern sollen. Die wichtigste Metrik ist der bekannte Hirsch-Index, auch genannt «h-Index», der alle Forschenden jederzeit in einer internationalen Liste des Publikationserfolgs einsortiert. Der h-Index berechnet nicht nur die schlichte Anzahl der Publikationen einer Person, sondern maßgeblich die Häufigkeit, mit der die Publikationen wiederum in anderen Veröffentlichungen zitiert werden. Damit erfasst er vor allem den Einfluss, den eine Veröffentlichung in der Wissenschaftswelt besitzt. Das ist wichtig, weil die Publikationskultur in der Wissenschaft seit Jahren international mit einem massiven Anstieg von Veröffentlichungen zu kämpfen hat. Ohne sogenannte «Impact»-Metriken, die den Einfluss einer Veröffentlichung bemessen, könnte niemand die Flut der Publikationen noch durchblicken.

Forschende sprechen auch mehr oder weniger scherzhaft von der «Publish or Perish»-Kultur, also der Kultur des «Veröffentlichen oder Untergehens». Die Publish-or-Perish-Kultur hat die Wissenschaft fest im Griff und führt regelmäßig zu Nervenzusammenbrüchen junger Wissenschaftler, wenn es ihnen nicht gelingt, in den wichtigen Zeitschriften zu erscheinen und damit ihre Sichtbarkeit zu erhöhen. Letztlich entscheidet die Positionierung in den Rankings maßgeblich über das weitere

Vorankommen im akademischen Betrieb: Bewerbungen auf neue Stellen, Professuren oder für die Leitung von Forschungsgruppen: Alles hängt an diesen Zahlen.

2.3 Deutschland im Vergleich der internationalen Veröffentlichungen

Wenn wir also feststellen, dass es deutschen Forscherinnen gelingt, in bestimmten Forschungsfeldern erfolgreich zu sein, dann sprechen wir in erster Linie darüber, dass ausreichend deutsche Forschende gute Forschung in den richtigen Konferenzen und Journals publizieren und diese Publikationen von der wissenschaftlichen Fachwelt aufgegriffen werden. Und das scheint tatsächlich sehr gut zu funktionieren. Deutsche Institute liegen in Summe im internationalen Vergleich von Publikationen im oberen Bereich, meistens auf den Plätzen drei, vier oder fünf. So zeigt die Auswertung des Scimago Journal und Country Ranks,[9] einer weit bekannten und genutzten Datenbank für internationale Publikationen, dass Deutschland in der Anzahl der totalen Publikationen aller wissenschaftlichen Fachbereiche im Erfassungszeitraum von 1996 bis 2023 auf Platz 4 hinter den USA, China und Großbritannien liegt.

Sortiert nach dem h-Index, der nicht nur für einzelne Forschende, sondern auch für individuelle Zeitschriften oder aber auch Länder berechnet werden kann, liegt Deutschland sogar im weltweiten Vergleich auf Platz 3 hinter den USA und Großbritannien. Deutsche Forschung wird also nicht nur im großen Umfang veröffentlicht, sondern auch wahrgenommen und zitiert.

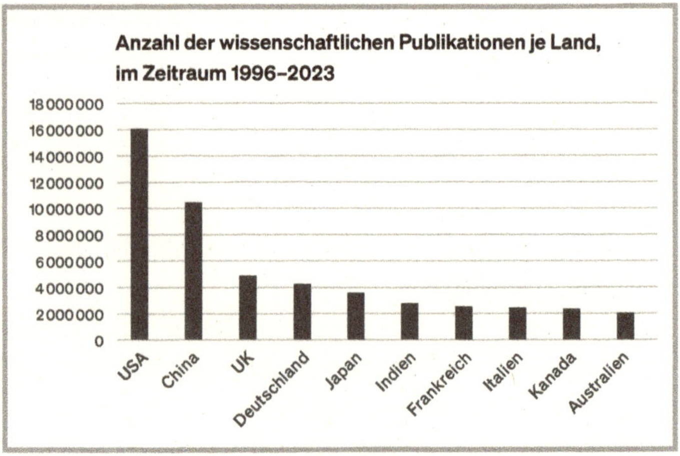

Quelle: SJR

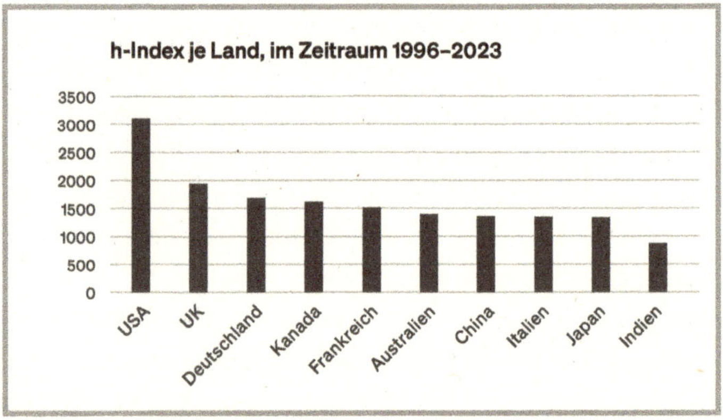

Quelle: SJR

Ein ähnliches Bild zeigt sich auch, wenn man auf spezifische Technologien schaut. Nach einer Studie aus 2019 des Instituts für Innovation und Technik folgt Deutschland auf Platz 3 nach den USA und China in den Veröffentlichungszahlen zum Thema Quantencomputing, zusammen mit Großbritannien.[10] Im Bereich Künstliche Intelligenz stehen deutsche

Forschende nach Anzahl der Publikationen im Jahr 2023 auf Platz 4 nach China, Indien und den USA, ebenfalls gemeinsam mit Großbritannien.[11] Der bereits erwähnte AI Index der Stanford University ermittelt für Deutschland sogar einen weltweiten Platz 3 hinter den USA und China, gemessen am Einfluss von Publikationen.[12]

In den Schlüsseltechnologien sind seit vielen Jahren praktisch dieselben Länder in der Forschung aktiv und erfolgreich. Eine Ausnahme ist China, das erst seit wenigen Jahren so aktiv im weltweiten Forschungsgeschehen mitmischt und seine Anzahl von Publikationen in den Schlüsseltechnologien massiv steigern konnte, während die Anzahl der Publikationen der USA, aber auch der europäischen Länder sank oder auf gleichem Niveau blieb.

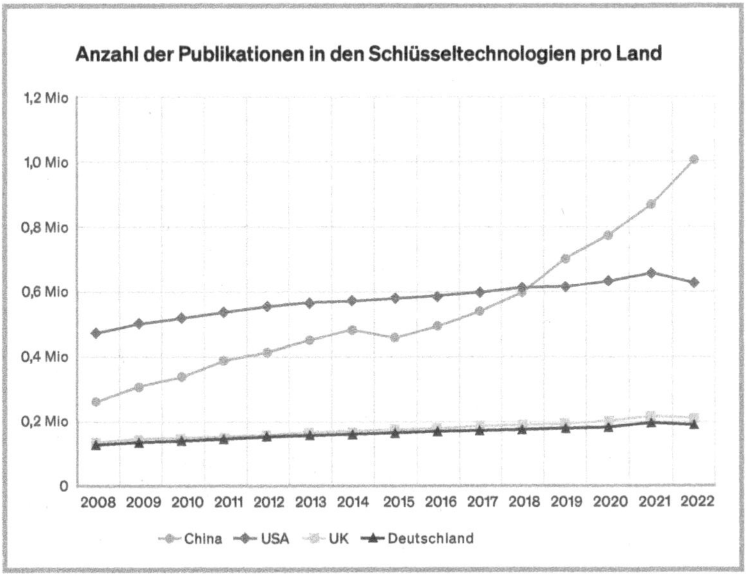

Quelle: OECD

Auch wenn sich durch den Aufstieg von China die Kräfteverhältnisse in der Forschung verschieben, ist doch offensichtlich, dass Deutschland trotz seiner geringeren Bevölkerungsgröße ein vergleichsweise sehr leistungsstarkes Forschungssystem hervorgebracht hat und in Bezug auf Erfindungen gerade auch bei den Schlüsseltechnologien ganz vorne mitspielt. Aber was spüren wir davon im Alltag? Wo sind die zu erwartenden Massen an innovativen Produkten «made in Germany»? Wo die Unternehmen, die diese vielen Erfindungen auf den Markt bringen? Die beunruhigende Frage ist: Wenn wir nach wie vor so viele Forschende haben, die auch weiterhin Relevantes erfinden, warum fällt es uns dann so schwer, mit den großen internationalen Playern bei den neuen Technologien zu konkurrieren?

3
Unsere Innovationskraft sinkt

Erinnern Sie sich noch an Philipp Reis, den Erfinder des Telefons aus dem letzten Kapitel? Er starb 1874 an Tuberkulose, bevor die Telefonie, zu der er einen bedeutenden Erfindungsschritt beigetragen hatte, erfolgreich wurde. Doch seine Erfindung wurde mehrfach produziert und beschrieben. Einzelne Wissenschaftler beschäftigten sich in den Folgejahren intensiv mit dem Apparat. Vor allem in den USA wurde das Telefon mit Neugier analysiert und weiterentwickelt. Und 1876, zwei Jahre nach Philipp Reis' Tod, meldete ein gewisser Alexander Graham Bell in den USA ein verbessertes Telefon zum Patent an. Er ging weltweit als der Erfinder des Telefons in die Geschichte ein. Zusammen mit seinem zukünftigen Schwiegervater Gardiner Greene Hubbard, einem erfolgreichen Anwalt, seinem Assistenten Thomas Watson und dem Finanzier Thomas Sanders gründete er die Bell Company, heute bekannt unter dem Namen AT&T, lange Zeit die größte Telefongesellschaft der Welt. Es gibt Statuen von Graham Bell in verschiedenen Orten Nordamerikas. Von Philipp Reis gibt es keine einzige Statue. Die meisten Menschen kennen noch nicht einmal seinen Namen. Dabei wäre die Geschichte vielleicht anders ausgegangen, wenn der deutsche Erfinder seine Entwicklung ebenfalls zum Patent angemeldet hätte. Und wenn jemand das Potenzial seiner Erfindung erkannt und ihm die notwendige Finanzierung für ein Unternehmen zur Verfügung gestellt hätte. Vielleicht käme der weltgrößte Telekommunikationskonzern dann aus Deutschland.

Ich selbst machte mir als Newbie im Forschungsbetrieb lange nicht viele Gedanken darüber, welchen Weg unsere Ideen nach ihrer Erfindung nahmen. Wir waren auf Ergebnisse fokussiert. Wir arbeiteten in Forschungsprojekten, die eine feste Laufzeit hatten. Spätestens zum Ende dieser Laufzeit hatten wir Erkenntnisse, häufig auch schon zwischendurch. Nicht alles davon war direkt der große nächste Wurf, vieles waren inkrementelle Verbesserungen, die über viele Jahre aufeinander aufbauten. Das Hauptaugenmerk des Forschungsbetriebs war die Verwertung dieser Ergebnisse auf wissenschaftlichem Wege. Es ging also um die Veröffentlichung als Artikel in wissenschaftlichen Zeitschriften und auf Konferenzen. Hin und wieder hörte ich am Rande auch von angemeldeten Patenten, Copyrights und Marken, aber es nahm nur sehr wenig Raum ein.

Lange forschte ich für meine Promotion an Methoden, Chatbots zu verbessern. Chatbots waren zu der Zeit ein mühsamer Zeitvertreib. Obwohl sie schon eingesetzt wurden, auf Internetseiten oder auch in Callcentern, war die Nutzererfahrung häufig eher mittelmäßig.

Eine Analyse, die wir durchführten, kam zu dem Ergebnis, dass ganz normale sprachliche Interaktionen in Gesprächen mit Chatbots für Probleme sorgten. Wenn wir Menschen uns miteinander unterhalten, meistern wir nämlich beiläufig eine eigentlich sehr komplexe Tätigkeit. Neben der inhaltlichen «Fachebene», also der Kommunikation von bestimmten fachlichen Informationen, wie etwa der Auskunft über den Busfahrplan, tauschen wir gleichzeitig durchgängig Informationen auf anderen Ebenen aus, ohne dass uns das bewusst ist. Dazu zählen soziale Signale, die dem Gesprächspartner vermitteln, dass wir zuhören oder dass wir sie wertschätzen und akzeptieren. Auch Statussignale gehören dazu, da wir uns immer in Statusstrukturen bewegen, auch wenn uns das vielleicht nicht gefällt. Diese Konventionen prägen, wie wir uns unterhalten, und sind von Kultur zu Kultur unterschiedlich. Ob ein Gespräch vorab ein paar Sätze «Small Talk» enthalten sollte und über welche Themen gesprochen werden kann, unterscheidet sich stark zwischen der deutschen, der amerikanischen oder der japanischen Kommunikationskultur.

Während wir Menschen einigermaßen erfolgreich durch diese Regeln navigieren, haben Chatbots davon natürlich überhaupt keine Ahnung. Einem Chatbot diese Regeln beizubringen, war jahrzehntelang kaum möglich, da sie selbst bei Menschen wenig untersucht und analysiert waren und außerdem sehr schwer zu programmieren sind.* Chatbots sind meistens darauf ausgelegt, eine «Aufgabe» zu erfüllen. Konfrontiert man die Systeme von damals mit einer Aussage, die nichts mit der Aufgabe zu tun hatte, führte das in der Regel zu Fehlern. Die klassische Rückmeldung war: «Entschuldigung, ich habe Sie nicht verstanden.»

Wir konnten in den Daten sehen, dass nach einem solchen Fehler das Gespräch oft nicht mehr erfolgreich «auf die Spur» kam. Es schien also lohnend, daran zu forschen. Wir wollten, dass unsere Ergebnisse Chatbots leistungsstärker und unser

* Es brauchte den Wechsel zur generativen Künstlichen Intelligenz, die basierend auf schier unvorstellbaren Mengen von Beispieldaten in der Regel eine passende Antwort generieren kann.

aller Leben einfacher machen würden. Wir forschten in der Absicht, dass die Ergebnisse genutzt würden.

Damals dämmerte mir, dass da draußen offensichtlich niemand war, der nur darauf wartete, die Ergebnisse unserer Forschung zu nutzen und direkt in Produkte einzusetzen oder neue Produkte daraus zu bauen, also eine erfolgreiche Innovation daraus zu machen.

Dabei kamen täglich neue Geschäftsmodelle und digitale Neuheiten aus den USA. Das Silicon Valley hatte sich von der Krise in den 2000er-Jahren erholt und lieferte einen Erfolg nach dem anderen. Airbnb und Snapchat kamen 2011 auf den deutschen Markt, Uber 2014. Und wir waren doch mit unserer Forschung zu dem nächsten Trend des Digitalen – der Künstlichen Intelligenz – mittendrin. Wie konnten wir es schaffen, in diesem schnell wachsenden Markt mitzumischen? Aber wenn ich mit meinen Kolleginnen auf Konferenzen oder Meetings darüber sprach, war das für die meisten kein großes Thema. Ein Achselzucken oder ein «Ich weiß auch nicht genau, wie das geht» waren die häufigsten Reaktionen. Teilweise auch offen zur Schau getragenes Desinteresse: «Das hat doch nichts mit Forschung zu tun, was die Amis da machen. Uns geht es doch um Erkenntnis.» Ein Kollege sagte zu mir: «Tina, woher sollen denn die Unternehmen wissen, was du erforscht hast?»

Tja, woher eigentlich? Es schien, als wären Forschung und Vermarktung zwei komplett voneinander getrennte Sphären. Es dauerte ein paar Jahre, bis ich feststellte, dass es einen Begriff für das gibt, was mir aufgefallen war: «Forschungstransfer», oder auch nur «Transfer», bezeichnet die Überführung von Forschungsergebnissen in die Anwendung und damit die Phase des Innovationsprozesses, die sich an die Erfindung anschließt. In der Wissenschaft wird oft von «nicht-wissenschaftlicher Verwertung» gesprochen, was schon sehr schön zeigt, dass die Blaupause und die Bezugsgröße selbstverständlich die wissenschaftliche Verwertung, also die Publikation, ist.

Forschungstransfer ist der Schritt, den Philipp Reis unterließ oder der ihm vielmehr nicht möglich war, während Graham Bell ihn bewältigte: Er transferierte einen Forschungsprototypen in einen wirtschaftlichen Anwendungsfall. Im Beispiel des Telefons sicherte das erste Patent Graham Bell die Vormachtstellung in einem neu entstehenden Markt, indem es ihn vor Nachahmern schützte.

Bells Patent war 1876 ein für damalige Verhältnisse ziemlich moderner Schritt. In Deutschland gab es damals noch kein Patentgesetz. Aber selbst wenn dieser Weg ihm prinzipiell offengestanden hätte, kann bezweifelt werden, ob Reis die Möglichkeiten gehabt hätte, ein Patent anzumelden. Er war Waise, der sich mit eigener Kraft bis zum Lehrer hochgearbeitet hatte. Die Physikerkollegen beachteten ihn nicht und machten sich nach der gescheiterten Präsentation über ihn lustig. Es fehlte ihm sowohl an Fürsprechern als auch an Kapital. Denn Patente sind eine kostspielige Angelegenheit. Das Ganze kann in Deutschland schon mal mehrere Tausend Euro kosten. Möchte man, dass das Patent weltweit gilt, kommen weitere Kosten dazu.

Es sei nicht verschwiegen, dass auch Graham Bell etliche Forschungsarbeiten an der Telefonie durchführte und selbst mit seinem Unternehmen durch heftige Patentstreite mit der Western Union Company gehen musste, bevor ihm der Erfolg vergönnt war. Die Western Union Company, die damals das erste durchgehende Telegraphennetz von der Ost- bis zur Westküste der USA betrieb, erkannte den Wert der Erfindung, lehnte aber ab, sie von Bell zu kaufen. Stattdessen entwickelte sie ihr eigenes Telefon und patentierte dieses ebenfalls. Es kam zu einem jahrelangen Patentstreit, den Bell letztlich zu seinen Gunsten entscheiden konnte. Vielleicht ist Ihnen daher Thomas Edison ebenfalls als Erfinder des Telefons bekannt. Edison war der Elektroingenieur, der für die Western Union das Telefon erfand und vorab auch in eigener Regie eine Form der Glühbirne. Doch das ist ein anderes Thema.

Aber selbst nach diesem Patentstreit, aus dem er als Sieger hervorgegangen war, war Bell noch nicht am Ziel angekommen. Ein Patent allein ist auch noch keine Innovation. Irgendjemand muss das Patent auch nutzen. Das übernahm schließlich das neu gegründete Unternehmen Bell Telephone Company. Ohne das neue Unternehmen hätte sich das Patent nicht entfalten und die Telefonie nicht so erfolgreich werden können. Das neue Unternehmen, ein Start-up quasi, war der finale Schritt zum Erfolg.

Technische Patente werden vor allem von bereits etablierten Unternehmen genutzt. Aber wie wir am Beispiel der Bell Telephone Company gesehen haben, sind auch Start-ups ein sehr gut geeigneter Verwertungskanal für neue technische Innovationen. Das haben in letzter Zeit auch Google, Microsoft und Tesla gezeigt. Gerade bei neuen Technologien sind es vielfach Newcomer, die es schaffen, Innovationen zu vermarkten. Es ist kein Zufall, dass gerade die digitalen Geschäftsmodelle im Fokus der Start-up-Szene stehen und volkswirtschaftliche Zahlen zum Start-up-Ökosystem als Indikator für die Innovationsfähigkeit eines Landes genutzt werden.

Wie man am Beispiel des Telefons sieht, muss noch einiges passieren, um von einer Erfindung zu einer Innovation zu kommen. Um das zu veranschaulichen, sollten wir einen Blick auf das Konzept der Readiness Level werfen.

3.1 Die Readiness Level

Wie wir gesehen haben, sind Forschung, Forschungsergebnisse, Patente und Publikationen alle zusammen wichtige Meilensteine im Innovationsprozess, machen aber für sich noch keine Innovation aus. Welche Schritte braucht es also in welcher Reihenfolge, damit eine volle Innovation entsteht?

Innovationen in den Schlüsseltechnologien durchlaufen mehrere Phasen bis zur Marktdurchdringung. Manche Technologien stehen weiter am Anfang des Innovationsprozesses als andere, die vielleicht bereits auf dem Markt vorhanden sind. Um genau bestimmen zu können, in welcher Reifephase eine Technologie sich befindet, benötigt man ein Werkzeug. Vor allem, um Innovationen zu fördern und zu unterstützen, ist diese Analyse besonders wichtig. Um gezielt steuern zu können, nutzen die Fördergeldgeber, wie die EU, die Bundesministerien und die Bundesländer, häufig die sogenannten «Readiness Level». Mithilfe der Readiness Level lässt sich einschätzen, in welcher Phase des Innovationsprozesses ein Projekt zu verorten ist.

Ihren Ursprung haben die Readiness Level in der NASA, die zwischen 1970 und 1995 das Konzept der «Technology Readiness Level» (TRL) für ihre technischen Entwicklungen erarbeitete und seitdem auch nutzt. Die Möglichkeit, Projekte in Readiness Level einzuteilen, bot der NASA viele Vorteile. Sie konnte dadurch Risiken für die Sicherheit teurer Komponenten oder sogar dem Leben der Astronauten einschätzen. Steht die Technologie noch am Anfang, ist das Risiko natürlich höher, als wenn die Technologie schon lange im Einsatz ist. Eine Technologie auf Readiness Level eins in ein Space Shuttle einzubauen, ist vermutlich keine gute Idee. Auf eine voll ausgereifte Technologie hingegen wird man sich besser verlassen können.

Auch für Mergers-&-Acquisitions-Prozesse, also den Zukauf von Unternehmen oder einzelnen Sparten, lohnen sich solche Einschätzungen. Mit einer Bewertung der technologischen Readiness weiß man, wie viel man noch in die eingekaufte Technologie investieren muss, bevor sie eingesetzt werden kann. Auf diese Weise nutzt auch die US-Luftwaffe die Technology Readiness Level.

Der Werdegang der Readiness Level ist eine echte Erfolgsgeschichte. Basierend auf den NASA-Entwicklungen, standardisierte die Internationale Organisation für Normung (ISO) die TRL für die Luft- und Raumfahrt in 2013.[1] Die Europäische Union nutzt das System seit dem Start des Förderprogramms Horizont 2020 in 2014 als Basis für die Einordnung von eingehenden Projekten und der Ausrichtung der Förderlinien. Viele weitere Institutionen weltweit nutzen die Level häufig in abgewandelten Formen, um ihre Projekte, Fördervorhaben oder Unternehmensentwicklung einzuschätzen.

Ursprünglich gestartet mit sieben Phasen, werden inzwischen üblicherweise neun Stufen des technologischen Reifeprozesses unterschieden. Die Phasen werden außerdem häufig noch zu Gruppen zusammengefasst.

Die erste Stufe ist die Beobachtung eines technischen Prinzips. Beispielsweise stellt man fest, dass man Metalldrähte mithilfe von Strom in einem Vakuum zum Leuchten bringen kann. Das bringt einen auf die Idee, dass man damit Räume erleuchten könnte. Die Idee lässt einen nicht mehr los, sodass man beginnt, ein Konzept aufzuschreiben. Während des Schreibens stellt sich vielleicht raus, dass der ursprünglich genutzte Pla-

Technology Readiness Level

GRUNDLAGEN-FORSCHUNG	1 Beobachtung eines technischen Prinzips	2 Formulierung eines Konzepts	3 Experimente mit Prototypen
ENTWICKLUNG	4 Validierung im Labor	5 Überprüfung der Technologie in erwartbarer Umgebung	6 Demonstration der Technologie in erwartbarer Umgebung
EINSATZ	7 Test der Technologie im realen Umfeld	8 Technologie ausgereift und getestet	9 Vermarktung

tindraht eigentlich nicht die besten aller denkbaren Eigenschaften hat. Mit Kohlepulver könnte das Ergebnis verbessert werden. Zum Test werden in Level zwei Prototypen gebaut. Ist das gelungen, erfolgen in Stufe drei Experimente mit den Prototypen, um festzustellen, ob das Konzept tatsächlich funktioniert. Ist das erfolgreich, erfolgt eine erste Validierung des Gesamtaufbaus im Labor als Stufe vier. Wenn im Labor der verfeinerte Draht in einem vakuumierten Glaskolben erfolgreich Licht erzeugt, hat man schon einen ziemlich großen Schritt in Richtung der Glühlampe und ihrer Anwendung getan!

In Schritt fünf werden dann erwartbare Umgebungen für die neue Technologie simuliert. Die echte Welt ist vermutlich anders als das Labor, zum Beispiel der Luftdruck oder die Verlässlichkeit der Stromzufuhr. Vielleicht kommt unsere neue Glühbirne nicht gut damit zurecht, wenn es sehr kalt ist oder sie im Regen steht. Dafür nutzen wir eine Klimakammer, in der wir unterschiedliche Umgebungen simulieren. Lässt sich die Glühlampe davon immer noch nicht erschrecken, darf sie in Level sechs in die reale Umgebung eines Wohnzimmers, um dort getestet zu werden. Während es im Labor noch keine Rolle spielte, muss sie spätestens jetzt so gebaut sein, dass sie auch in die reale Umgebung passt. Die Glühlampe sollte also nicht aus einem Schrank von vier mal vier Metern bestehen oder so schwer sein, dass sie die Statik unseres Hauses gefährdet.

Falls Ihnen das bis hierhin umständlich erscheint, denken Sie daran, dass wir heutzutage an funktionierende Lampen gewohnt sind. Aber als die Technologie erfunden wurde, hätte die Glühbirne ja durchaus auch zerbrechen, sich entzünden und Ihr Wohnzimmer in Brand stecken können.

Ab Stufe sieben bewegen wir uns immer deutlicher von der Sphäre der Forschung und Entwicklung hin zum marktorientierten Einsatz. In Readiness Level sieben wird eine Technologie in einer Betriebsumgebung eingesetzt. Vielleicht möchten wir unsere Glühlampe im ganzen Haus oder sogar in einer Fabrik nutzen. Das bringt ganz neue Anforderungen mit sich, die teilweise auch gar nicht mit unserer Technologie direkt zusammenhängen. So muss es Stromleitungen geben, die genug Strom erzeugen. Wir nähern uns der Herausforderung mit einem weiteren Prototyp. Erst einmal werden auf einer Etage genug Kabel verlegt, damit die Lampen mit Strom versorgt sind. Ist das geschafft, kann in Level acht die Technologie im großen Umfang eingesetzt werden. Wir versorgen unser ganzes Haus mit Strom und Glühlampen. Applaus! Wir haben nun eine voll ausgereifte und getestete Technologie. Es wird Licht. Sofort ist uns klar, dass auch andere unsere Lampe unbedingt haben wollen, deshalb starten wir in Technology Readiness Level neun mit der Vermarktung.

Aber Achtung: In der Zwischenzeit sind schon wieder neue Technologien für Glühbirnen entstanden, die sich ebenfalls durch den Reifeprozess bewegen. Sobald sie in Level neun angekommen sind, werden sie unserem Produkt Konkurrenz machen! Es lohnt sich also, immer auf neue Technologien und Wettbewerber zu achten, die sich in den niedrigen Stufen befinden.

Man sieht sofort: Readiness Level sind ein sehr nützliches Werkzeug. Es existieren viele Varianten für unterschiedliche Bereiche. Die Luft- und Raumfahrt geht zum Beispiel davon aus, dass eine Technologie auf Stufe eins noch acht bis 15 Jahre bis zur Marktreife benötigt. In anderen Technologiebereichen, vor allem digitalen, geht das deutlich schneller. Es lässt sich in der Realität häufig beobachten, dass die Stufen nicht immer vollständig linear ablaufen. Manchmal gilt: zwei Schritte vor, einen zurück.

Manche Idee und Forschung ist reine Grundlagenforschung. Eventuell existiert noch gar keine Anwendung, der die Ergebnisse zugutekommen könnten. Dann bricht die Kette in den frühen Readiness Leveln ab und wird vielleicht später wiederbelebt, wenn die Welt sich weiterentwickelt hat und eine Anwendung von der Technologie profitieren kann.

Es gibt Readiness Level für andere nicht-technische Bereiche, zum Beispiel auch die «Innovation Readiness Level». Das ist nicht verwunderlich, die Überschneidung der Reifegradbetrachtung mit dem Innovationsprozess ist offensichtlich. Sie stammen aus unterschiedlichen wissenschaftlichen Bereichen, beschreiben aber denselben Vorgang. Während die TRL in der Technik entstanden sind, wurden Theorien zum Innovationsprozess vor allem in der Betriebswirtschaftslehre entwickelt. Die technische Betrachtung bietet eine detailliertere Darstellung der ersten Phasen, während der Innovationsprozess die Markteinführung ausführlicher untersucht. Die Vermarktung einer Technologie stand nicht im Fokus der NASA. Aber beiden Theorien ist gemein, dass sie den Weg von einer

Idee über verschiedene Konzepte und Tests zur Markteinführung und dann zur Verbreitung beschreiben. Die Technology Readiness Level können also sehr gut für die Einordnung einer technologischen Innovation genutzt werden.

Klassischerweise gelten die Stufen eins bis vier als Grundlagenforschung und die Level ab vier als anwendungsbezogene Forschung und Vermarktung. Wissenschaftliche Publikationen können bereits ab der ersten Stufe erfolgen und auch in den späteren Leveln noch vorkommen, wenn zum Einsatz einer Technologie in einem bestimmten Anwendungsfall geforscht wurde.

Von «Transfer» spricht man üblicherweise ab etwa Readiness Level fünf, wenn die Validierung in realistischen Umgebungen beginnt. Ab hier werden auch Patente relevant. Üblicherweise wird empfohlen, bereits in der zweiten und dritten Stufe eine Patentverwertung zu prüfen und ab spätestens etwa Phase vier einen Patentantrag zu stellen, damit ein Patent im Verlauf der restlichen Entwicklungsphase gültig wird. Dabei macht es allerdings einen großen Unterschied, ob wir uns mit einer digitalen Technologie, einer sozialwissenschaftlichen Fragestellung, einem Medizinprodukt oder einem Space Shuttle beschäftigen. Unterschiedliche Branchen haben andere Anforderungen und damit auch ein ganz unterschiedliches Tempo, mit dem die Innovation voranschreiten kann.

Es ist damit klar, dass weder eine Publikation noch ein Patent das Ende der gesamten Kette bedeuten. Die Innovation hat noch immer einen langen Weg vor sich bis zur vollen Entfaltung in Stufe neun, der Marktdurchdringung. Die wenigsten technischen Anwendungen schaffen es bis in die letzte Stufe. In jeder Phase gehen potenzielle Innovationen verloren, in den früheren Readiness Leveln aufgrund von technischen Einschränkungen oder technologischen Ansätzen, die nicht funktionieren. In den späteren Stufen führen fehlende Integrationen mit anderen Technologien, Anforderungen der Umgebung oder auch steigender Kapitalbedarf zum Abbruch der Kette, wie es auch der Zeppelinlogistik aus Kapitel 1 widerfahren ist. Außerdem muss der Wechsel der Akteure innerhalb der Readiness-Kette funktionieren. Während zu Beginn Forschungseinrichtungen oder -abteilungen aktiv sind, kann das letzte entscheidende Level nur von einem Marktakteur, also einem Unternehmen, übernommen werden. Die Forschung haben wir bereits im letzten Kapitel betrachtet. Schauen wir uns jetzt einmal die späteren Phasen des Reifegrades und die Unternehmen genauer an.

3.2 Innovation in Deutschland

In Deutschland gibt es etwa 3,5 Millionen Unternehmen.[2] Der Großteil dieser Unternehmen sind kleine und mittlere Unternehmen (KMU). In 2023 machten die KMU mehr als 99 Prozent aller deutschen Unternehmen aus. Innerhalb der KMU ist die größte Gruppe die der Kleinstunternehmen: 84,9 Prozent aller deutschen Unternehmen sind Kleinstunternehmen. Die Europäische Union definiert Kleinstunternehmen als Unternehmen mit bis zu 10 Mitarbeitern und bis zu zwei Millionen Euro Jahresumsatz. 11,7 Prozent aller deutschen Unternehmen sind kleine Unternehmen mit bis zu 50 Mitarbeitern und bis zu 10 Millionen Euro Umsatz. Mittlere Unternehmen sind solche mit bis zu 249 Mitarbeitern und bis zu 50 Millionen Euro Umsatz. Sie machen 2,7 Prozent der deutschen Unternehmen aus. Alles darüber gilt als großes Unternehmen. 2022 waren in Deutschland 20 700 Großunternehmen erfasst,[3] was einem Anteil von gerade mal knapp einem Prozent der Unternehmen entspricht.[4]

Trotz ihrer geringen Anzahl sind die Großunternehmen Arbeitgeber von 45 Prozent aller Beschäftigten. Und sie sind für 74 Prozent des von allen deutschen Unternehmen erwirtschafteten Gesamtumsatzes verantwortlich. Die KMU hingegen versorgen 55 Prozent mit Jobs und tragen mit 26 Prozent zum Gesamtumsatz bei.

Die deutsche Wirtschaft hat eine lange Tradition der Innovation. Eine wichtige Kennzahl dafür sind die schon in Kapitel 1 betrachteten Ausgaben für Forschung & Entwicklung (F&E). Da Forschung und Entwicklung die erste Phase des Innovationsprozesses ausmachen, sagen die F&E-Ausgaben viel über die Innovationsabsichten der Unternehmen aus.

In Europa gehört Deutschland zu den Ländern mit den höchsten Unternehmensausgaben für Forschung & Entwicklung. Zu Beginn der Aufzeichnung der Daten in den 80er-Jahren bis 1990 war Deutschland sogar das Land mit den höchsten Ausgaben. Ab 1990 wurden wir von Schweden und dann von weiteren Ländern überholt.* Mit Ausnahme einiger Einbußen in der Pandemie und der Bankenkrise sind die Ausgaben für F&E durch die Unternehmen in Deutschland trotzdem in den letzten Jahrzehnten grundsätzlich wieder angestiegen. Im Vergleich zu anderen Ländern weltweit und inflationsbereinigt ist der Anstieg allerdings sehr moderat, dazu im nächsten Kapitel mehr.

* Einzelne Länder sind eventuell in den frühen Daten nicht berücksichtigt, obwohl sie ebenfalls bereits hohe F&E-Ausgaben hatten.

Unternehmensausgaben für Forschung und Entwicklung (BERD) in Relation zum BIP in Deutschland

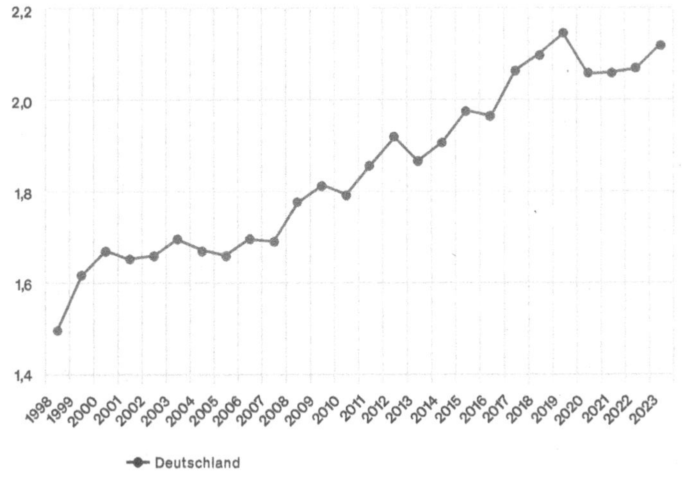

Quelle: OECD

Den Löwenanteil dieser Ausgaben tätigen dabei die deutschen Großunternehmen. Je kleiner ein Unternehmen ist, desto weniger investiert es statistisch in Innovation. Ausnahme sind die innovationsgetriebenen kleinen Start-ups. Großunternehmen gaben in 2023 170,8 Milliarden Euro für Innovationen aus. KMU hingegen nur 32,6 Milliarden.* Schaut man noch genauer hin, zeigt sich, dass auch innerhalb der KMU vor allem die mittleren Unternehmen in Innovationen investieren, die

* Die KfW berechnet für 2023 inflationsbereinigte Ausgaben von 33,6 Mrd. Euro und 2022 33,9 Mrd. Euro vonseiten der KMU, also einen fallenden Wert, siehe www.kfw.de/%C3%9Cber-die-KfW/KfW-Research/Innovationen.html

kleinen Unternehmen deutlich weniger und die Kleinstunternehmen am wenigsten.[5] Allerdings gibt es einen langfristigen Trend zu mehr kontinuierlicher Forschung in den KMU,[6] wenn auch auf niedrigem Level. Fast zwölf Prozent der KMU geben an, durchgängig in Forschungstätigkeiten und damit in die frühen Phasen der Innovation involviert zu sein.

Historisch gesehen ist vor allem die deutsche Industrie in der Innovation aktiv gewesen, aber in den letzten Jahren nahmen die Ausgaben der Dienstleistungsunternehmen zu. Sie stiegen von 2022 auf 2023 um 9,8 Prozent, in der Industrie hingegen nur um 5,4 Prozent.[7] Trotzdem ist die Summe der Ausgaben für Innovation in der Industrie weiterhin mehr als doppelt so hoch wie im Dienstleistungssektor: 58,3 Milliarden stehen hier 145,1 Milliarden Euro in der Industrie gegenüber.

Die größten Innovationsbranchen sind in Deutschland traditionell und auch aktuell die Automobilindustrie, gefolgt von der Chemie- und Pharmabranche, der Elektroindustrie und dem Maschinenbau.* In diesen Feldern agieren auch Deutschlands größte Unternehmen. Innerhalb des Dienstleistungssektors dominiert der IKT-Bereich (Informations- und Kommunikationstechnik), zu dem auch Softwareprodukte gezählt werden.

Bei den meisten Innovationen handelt es sich allerdings nicht um neue Produkte. Die deutschen Unternehmen sind vor

* Das ZEW Leibniz-Zentrum für europäische Wirtschaftsforschung sieht die Chemie- und Pharmabranche vor der Automobilindustrie, siehe Christian Rammer et al.: «Innovationen in der deutschen Wirtschaft», Indikatorenbericht zur Innovationserhebung 2024, ZEW Leibniz-Zentrum für europäische Wirtschaftsforschung, ftp.zew.de/pub/zew-docs/mip/24/mip_2024.pdf

allem im Bereich der Prozessinnovationen zur Verbesserung ihrer internen Abläufe aktiv. Fast 50 Prozent der Unternehmen möchten ihre Prozesse durch Innovationen optimieren, während nur etwa 25 Prozent der Unternehmen zu den Produktinnovatoren zählen, also Ausgaben in Innovationen tätigen, um ihre Produkte aufzuwerten oder neue Produkte anbieten zu können.[8]

Innovation spielt aber nicht nur in den deutschen Unternehmen eine große Rolle. Wir haben schon in Kapitel 2 gesehen, dass staatliche Stellen seit vielen Jahren in der Innovationsförderung aktiv sind. Durch die Finanzierung von Forschungsinstituten und Hochschulen leisten sie einen direkten Beitrag zur Forschung & Entwicklung in Deutschland. Dazu kommen andere Fördermaßnahmen, die sich vor allem an die Unternehmen wenden, wie eine Bandbreite von Fördermitteln, die für innovative Projekte beantragt werden können, entweder in Kooperationen mit der Wissenschaft oder eigenständig.*

Neben den Investitionen in die Forschungseinrichtungen, Hochschulen und Projektförderung wurde außerdem 2019 das Gesetz zur steuerlichen Förderung von Forschung und Entwicklung verabschiedet.[9] Seit 2020 können Unternehmen, die in F&E investieren, eine steuerliche Forschungszulage in Anspruch nehmen. Die Forschungszulage wendet sich explizit an KMU und hat den Anspruch, unkompliziert und unbürokratisch im Innovationsprozess zu unterstützen.

Bei all diesen Bemühungen der Unternehmen und des Staates sollte man davon ausgehen, dass Deutschland ein starker

* Aktuelle Beispiele sind das ZIM Program, KMU innovativ oder die Konsortiale Programmförderung zu technologischen Schwerpunkten durch Bund und Länder.

Innovationsstandort ist. Und das ist er auch, allerdings mit einigen gewichtigen Schwachstellen, wie wir im nächsten Kapitel sehen werden.

3.3 Der Innovationsstandort Deutschland im internationalen Vergleich

Die fehlende Innovationskraft Deutschlands, die die deutschen Start-ups wahrnehmen, ist tatsächlich mehr als ein reines Bauchgefühl. Allerdings verhindern die medial teilweise sehr sichtbaren Investitionen der Wagniskapitalgeber und die zahlreichen Maßnahmen der Großunternehmen und der öffentlichen Hand manchmal einen klaren Blick auf die Situation. Gut, dass es auch für die Innovationsfähigkeit von Ländern Studien und Ranglisten gibt, die uns einen genaueren Einblick ermöglichen.

Die wohl berühmteste Analyse zur Innovationsstärke weltweit ist der Global Innovation Index (GII), der seit 2007 gemeinsam von der Weltorganisation für geistiges Eigentum (World Intellectual Property Organisation, WIPO), der Business School INSEAD und der Cornell University herausgegeben wird. In der Ausgabe von 2024 werden 133 Volkswirtschaften anhand von 78 einzelnen Indikatoren verglichen. Sie analysieren u. a. die Anzahl von Patenten, von Publikationen und Start-ups sowie volkswirtschaftliche Zahlen zur Produktivität und Wirtschaftsleistung. Einzelne Kennzahlen werden thematisch zu «Kompositindikatoren» zusammengefasst, die bestimmte Aspekte des Innovationssystems einfangen sollen.

Dabei unterscheidet der Index zwischen Kennzahlen, die

den Input in das Innovationsgeschehen messen, und solchen, die den Innovations-Output eines Landes messen. Zum Input zählen Indikatoren wie die Wirksamkeit von Institutionen, der Erfolg von Ausbildungsangeboten, das Vorhandensein von Fachkräften und die Leistungsfähigkeit der Infrastruktur, zu der auch die Logistik und Stromverfügbarkeit zählen. Aber auch Kennzahlen zu Finanzierungsangebot und Investitionen in die Zusammenarbeit von Forschung und Wirtschaft werden berücksichtigt. Zum Output gehört unter anderem, wie viele Patente, wissenschaftliche Publikationen oder Hightech-Exporte ein Land produziert. Auch kreativer Output wird gemessen, dazu gehören Copyright-Anmeldungen, aber auch Filmproduktionen und aktive Mitarbeit auf der sehr bekannten Software-Entwickler-Plattform github.

Einfach zusammengefasst besteht ein Zusammenhang zwischen dem Input und dem Output insofern, als dass sich gute und steigende Inputwerte irgendwann auf der Outputseite positiv bemerkbar machen sollten und umgekehrt sich vernachlässigte Inputwerte auf die Outputwerte niederschlagen sollten. Das Ganze allerdings mit der zeitlichen Verzögerung, die eine Volkswirtschaft benötigt, um auf die veränderten Umstände zu reagieren.

Deutschland erreicht in dem Ranking von 2024 den 9. Platz,* eine Platzierung schlechter als im Vorjahr. Seit 2016 schaffen wir es in die besten Zehn, in 2021 war es nur der 10. Platz, in 2023 und 2022 schafften wir den 8. Platz. Die positive Lesart dieser Positionierung ist, dass Deutschland offensichtlich stabil ist, was seine Maßnahmen und den darauf folgenden Out-

* Die gesamte Liste ist auf der Website der WIPO einsehbar: www.wipo.int/gii-ranking/en/rank

Global Innovation Index 2024

Wirtschaft	GII-Ranking Gesamt	Institutionen	Ausbildung und Forschung	Infrastruktur	Marktreife	Unternehmens-reife	Output Wissen und Technologie	Kreativer Output
Schweiz	1	3	4	7	5	4	1	1
Schweden	2	16	3	1	9	1	2	6
USA	3	17	12	30	1	2	4	8
Singapur	4	1	2	11	7	3	19	19
UK	5	26	7	18	3	14	5	3
Südkorea	6	24	1	9	15	5	10	2
Finnland	7	4	6	2	11	8	6	17
Niederlande	8	9	14	25	14	7	8	7
Deutschland	9	19	5	27	13	18	11	5
Dänemark	10	2	9	8	21	12	13	10
China	11	44	22	5	16	11	3	14
Frankreich	12	29	16	19	10	17	16	4
Japan	13	23	19	13	8	6	12	22
Kanada	14	14	11	21	4	13	20	25
Israel	15	34	18	41	12	9	7	30
Estland	16	12	31	6	6	27	21	15
Österreich	17	18	8	10	32	23	18	24
Hongkong	18	8	15	16	2	25	58	12
Irland	19	11	25	20	48	16	14	28
Luxemburg	20	5	28	53	30	10	36	9

put angeht. Die negative Lesart ist: Es tut sich nichts und die Tendenz ist sinkend.

Die Abbildung 10 zeigt die obersten Plätze des Rankings. Der absolute Gewinner in der Innovationsfähigkeit, und das bereits seit vielen Jahren, ist unser Nachbarland, die Schweiz. Auf die Schweiz folgen vor Deutschland: Schweden, USA, Singapur, Großbritannien, Südkorea, Finnland und die Niederlande.

Grundsätzlich hat Deutschland schon seit einigen Jahren ein günstiges Input-Output-Verhältnis: Trotz eines vergleichsweise bescheidenen Abschneidens bei den Inputkennzahlen (Platz 13) generiert das deutsche Innovationssystem die sechstbesten Outputwerte. Vereinfacht gesagt: Gemessen an dem, was wir reinstecken, ist das Ergebnis erstaunlich gut.*

Schaut man sich die Input-Kennzahlen genauer an, fällt auf, dass wir erschreckend wenig Geld für die Bildung unserer Kinder ausgeben (Platz 55). Wir haben auch weiterhin einen niedrigen Wert von erwerbstätigen Frauen in höheren Positionen (Platz 48). Dafür schneiden wir traditionell gut ab im Bereich der höheren Bildung: Platz 7, was die Absolventen in Naturwissenschaften und Ingenieurwissenschaften im Verhältnis zu allen Absolventen angeht. Die meisten Minuspunkte im Inputbereich sammeln wir, das wundert uns nicht, im Bereich der informationstechnologischen Infrastruktur: die Internetnutzung (Platz 52), aber auch die Onlineangebote der öffentlichen Hand (Platz 44) fallen weit hinter der Vergleichsgruppe zurück. Dafür haben wir die Vorteile eines großen heimischen Binnenmarktes (Platz 1), und wir kommen auf Platz 3 beim Vergleich der Ausgaben unserer drei größten globalen Unternehmen für F&E. Sehr stark wird auch die deutsche Logistik bewertet (Platz 3).

Die Outputseite ist in zwei Bereiche unterteilt: Output in Wissen und Technologien sowie kreativer Output. Im Segment des kreativen Outputs schaffen wir einen Gesamtplatz fünf, mit guten Werten bei immateriellen Vermögenswerten wie Gebrauchsmustern und Markenzeichen.

Besonders interessant sind für uns an dieser Stelle aber die Ergebnisse im Segment «Wissen und Technologien». Insgesamt belegt Deutschland in dieser Kategorie den Platz 11 weltweit,

* Der Index ist sehr vielfältig und beleuchtet ganz verschiedene Facetten der deutschen Volkswirtschaft. Die Analyse hier zeigt nur einige Ausschnitte. Zu bedenken ist auch immer die Einbettung der Kennzahlen in den Kontext.

also eine etwas schlechtere Platzierung als bei den kreativen Outputs. Wenn wir uns die Gründe dafür anschauen, begegnen uns einige Kennzahlen aus dem letzten Kapitel wieder. Der h-Index beschert der deutschen Forschung einen 3. Platz. Aber auch die Anzahl von Patenten (Platz 6) sowie die Anzahl der wissenschaftlichen Publikationen, die von öffentlich geförderten Wissenschaftlern zusammen mit Forscherinnen aus Unternehmen geschrieben wurden, sind hoch (ebenfalls Platz 6).

In den Ergebnissen der ersten Readiness Level, Publikationen und Patente, schneiden wir also gut ab. Aber wie steht es mit den nächsten Schritten im Innovationsprozess?

Wenig verwunderlich steht Deutschland gut in den Bereichen da, die zu unseren klassischen Industrie- und Exportleistungen zählen: Platz 5 im Output der Medium-Tech-Produktion[10]. Im Export von Medium-Tech erreichen wir aber nur noch einen Platz 13. Noch schlechter schneiden wir im «Export von IKT Services» ab (Platz 55). Hier haben wir es schwarz auf weiß: Deutschland exportiert kaum digitale Güter.

Schlechte Werte erreicht Deutschland außerdem im Bereich der Unternehmensgründungskultur und den damit verbundenen Regulierungen (Platz 33). Um die Bedeutung von Start-ups für die Wirtschaft einzufangen, berechnet der Index außerdem, wie sich der Gesamtwert aller Start-ups zum BIP verhält. Hier erreicht Deutschland nur den 23. Platz. Indien zum Vergleich liegt auf Platz 8, Platz 1 geht an die USA.

Der schlechteste Einzelwert aber, den Deutschland in 2024 erhält, ist das Wachstum der Arbeitsproduktivität pro Kopf: Platz 97 von 133 Volkswirtschaften der Welt.*

Wir schaffen es in Deutschland nicht, die guten Ergebnisse,

* In 2023: Platz 98, in 2022: Platz 73.

wie den Output der Forschung, erfolgreich zur Steigerung der eigenen Produktivität einzusetzen. Die Steigerung der Produktivität pro Kopf wiederum ist aber einer der Treiber des Wirtschaftswachstums. Vereinfacht zusammengefasst kann die Wirtschaft auf zwei unterschiedliche Arten wachsen: Entweder mehr Menschen arbeiten oder die Menschen arbeiten produktiver.* Da in Deutschland die Anzahl der arbeitenden Bevölkerung aufgrund des demografischen Wandels sinkt, ist eine quantitative Steigerung durch mehr Arbeitnehmer in naher Zukunft kaum möglich. Arbeit müsste stattdessen qualitativ durch Innovationen gesteigert werden, damit die Produktivität wachsen kann. Neue Technologien können Produktivitätsschübe auslösen. Der letzte solcher Technologiesprünge waren Internet und Software. Wie wenig Deutschland von diesem Sprung profitiert hat, haben uns die Kennzahlen gezeigt. Auch der Global Innovation Index belegt es: unterdurchschnittliche Platzierung in den digitalen Metriken, sowohl auf der Inputseite als auch auf der Outputseite, sehr gute Werte in klassischen Industriekennzahlen.

Zum Vergleich: Die meisten hochrangigen Platzierungen im GII 2024 erreicht Singapur mit vierzehn ersten Plätzen unter anderem in den Bereichen ICT-Zugang, Stabilität für Unternehmen, verfügbares Wagniskapital und Hightech Manufacturing. Auch bei Hightech Exporten belegt Singapur den 1. Platz.

* Im Detail sind viele weitere Aspekte für das Wirtschaftswachstum und die Produktivität entscheidend. Weitere Treiber sind u. a. Boden (bspw. Bodenschätze) oder Kapital. Ob sich darüber hinaus Wohlstand für einzelne Individuen einer Gesellschaft bemerkbar macht, ist mit Wachstum allein noch nicht beantwortet. Dafür sind außerdem Fragen der Umverteilung in sozialen Systemen zu betrachten.

Damit erreicht Singapur insgesamt einen beachtlichen 4. Platz im GII-Ranking. In 2020 lag das kleine asiatische Land noch auf Platz 8, mehr oder weniger gleichauf mit Deutschland. Seitdem sind die Entwicklungen dieser beiden Länder auseinandergegangen. Es wird Sie vermutlich nicht überraschen, dass die größten, innovativen Unternehmen Singapurs, gemessen an dem Investment in Forschung und Entwicklung, in den Branchen Software und Industrietechnik aktiv sind.

Unternehmensname (Singapur)	Branche	F&E in Mio. EUR	F&E-Intensität in Prozent
SEA	Software & Computer-services	1276	11
GRAB Holding	Software & Computer-services	451	34
IGG	Freizeitartikel, vor allem Handyspiele	157	28
China Yuchai	Maschinenbau	137	6

Quelle: GII-Index

Die vier größten innovativen Unternehmen Deutschlands sind Volkswagen, Mercedes-Benz, Bosch und BMW.

Unternehmensname (Deutschland)	Branche	F&E in Mio. EUR	F&E-Intensität in Prozent
Volkswagen	Automobilindustrie	18908	7
Mercedes-Benz	Automobilindustrie	8509	6
Robert Bosch	Mischunternehmen	7483	8
BMW	Automobilindustrie	7178	5

Quelle: GII-Index

Innovationssieger Schweiz ist sowohl bei den Technologie-Outputs als auch bei den kreativen Outputs auf Platz 1 weltweit. Vergleicht man die Stärken Deutschlands mit denen der Schweiz, stellt man fest, dass sich die beiden Länder in der Innovationslandschaft gar nicht so unähnlich sind: Beide Länder sind entwickelte Industrieländer mit guten Werten für den Produktionsstandort mit einer erfolgreichen Historie der Wissenschaft. Aber dort, wo Deutschland gute Wert im h-Index aller Publikationen hat (Platz 3), belegt die Schweiz nur einen Platz 11. Dafür erreicht sie Platz 3 für Publikationen in naturwissenschaftlichen und technischen Bereichen, wohingegen wir uns nur auf einem enttäuschenden Platz 36 wiederfinden. Deutschland belegt Platz 6 für Patente innerhalb des Landes (Schweiz Platz 5), dafür holt die Schweiz Platz 1 bei den internationalen Patenten (Deutschland Platz 11). Sehr stark ist die Schweiz bei Einnahmen durch geistiges Eigentum, also zum Beispiel ins Ausland lizenzierte oder verkaufte Patente, Schutzrechte und Urheberrechte (Platz 1). Deutschland erreicht hier nur den 10. Platz. Die Schweiz hat es als eher kleines Land, in dem eine Umsetzung aller Erfindungen nicht möglich ist, geschafft, sich eine erfolgreiche Nische zu sichern, und zwar die externe Verwertung von vor allem technischen Ergebnissen. Die vier größten, innovativen Unternehmen der Schweiz sind Roche, Novartis, Nestle und Syngenta, also zwei Konzerne der zukunftsträchtigen Pharmabranche und Biotechnologie, ein Chemiekonzern und mit Nestlé ein Lebensmittelkonzern.*

* Das aus Basel stammende Unternehmen Syngenta wurde 2017 von ChemChina übernommen und firmiert seitdem als Syngenta Group Co., Ltd. mit Sitz in Shanghai. Der Innovation Index führt Syngenta als Schweizer Unternehmen.

Unternehmensname (Schweiz)	Branche	F&E in Mio. EUR	F&E-Intensität in Prozent
Roche	Pharmaindustrie & Biotechnologie	14268	22
Novartis	Pharmaindustrie & Biotechnologie	8521	18
Nestlé	Lebensmittelindustrie	1937	2
Syngenta	Chemieindustrie, vor allem Agrartechnologie	1543	8

Quelle: GII-Index

Langsam zeichnet sich ein uns schon bekanntes Bild ab: Deutschland investiert in Innovation, aber vor allem durch unsere Großunternehmen in den traditionellen Industriesparten wie dem Automobil. Unsere klassischen Industriekennzahlen sind gut, in den neuen Technologien, den digitalen insbesondere, hingegen stehen wir weiterhin schlecht da. Da die Bedeutung der digitalen Technologien aber seit Jahren zunimmt, überholen uns Länder, die vor allem hier ihren Fokus setzen. Die Schweiz und Singapur zum Beispiel investieren ganz gezielt in diese zukunftsstarken Innovationen. Unsere Forschung ist international erfolgreich, generiert Publikationen und Patente, aber schafft den Anschluss an die Kommerzialisierung nicht.

Zu dem gleichen Schluss kommt auch der Innovationsindikator vom Bundesverband der Deutschen Industrie (BDI) und Roland Berger. Seit 2005 erheben der Verband und das Beratungshaus zusammen Zahlen zur Innovationsfähigkeit verschiedener Länder. In der Ausgabe von 2024 werden 23 Einzelindikatoren betrachtet und zu Kategorien gruppiert. Neben der Innovationsfähigkeit im Allgemeinen beleuchtet der Indikator außerdem die Zukunftsfähigkeit eines Landes in ausgewählten Schlüsseltechnologien.[11]

In allen Gruppen finden sich neue Kennzahlen, aber auch alte Bekannte. Für die «Innovationsfähigkeit» werden Ausgaben für Forschung und Entwicklung, Publikationen und h-Index verwendet, aber auch Patente, Fachkräftezahlen und Angaben zum Wagniskapital. Außerdem werden das Bruttoinlandsprodukt pro Kopf und die Handelsbilanz bei Hochtechnologie berücksichtigt.

Von den 35 verglichenen Ländern schafft es erneut die Schweiz auf den 1. Platz. Auf Platz 2 und 3 folgen Singapur und Dänemark. Deutschland erreicht den 12. Platz, die schlechteste Platzierung seit 2005.

Damit liegen in beiden Rankings die kleineren Volkswirtschaften ganz vorne. Erklären lässt sich das damit, dass große Volkswirtschaften sich in mehr Bereichen aktiv einbringen müssen als kleinere, die sich spezialisieren können. Außerdem brauchen sie mehr Zeit, um eine vergleichsweise größere Anzahl an Arbeitnehmern zwischen Branchen zu verschieben. Veränderungen in einzelnen Technologiebereichen kosten dadurch einerseits mehr Kraft und machen sich andererseits nicht so schnell bemerkbar. Trotzdem gibt es auch Beispiele von großen Volkswirtschaften, die eine steigende Innovationstätigkeit aufweisen. Dazu gehören Südkorea und China. Südkorea, das sich zwischen 2010 und 2015 in den Innovationsrankings nach oben schraubte und seit 2017 die innovationsstärkste große Volkswirtschaft ist, hat vorher eine dedizierte Strategie für digitale Technologien und digitale Wirtschaft durchs Parlament gebracht.

Auch China steigert seit einigen Jahren seine Innovationsfähigkeit ganz strategisch, vor allem in den Technologie-Be-

Unternehmensausgaben für Forschung und Entwicklung (BERD) in Relation zum BIP, in Prozent

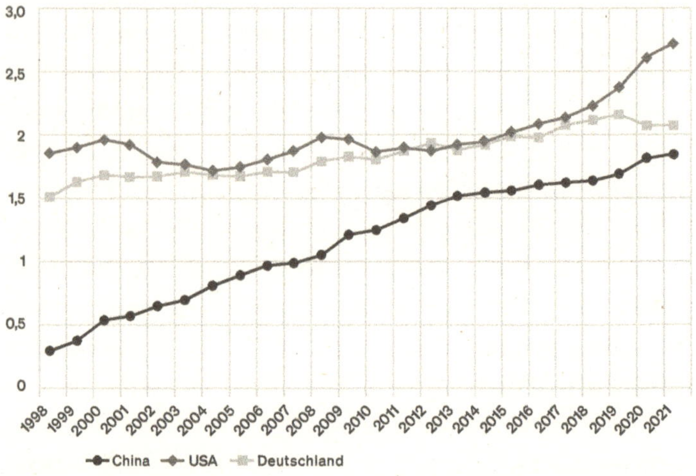

Quelle: OECD

reichen. Das macht sich an den steigenden wissenschaftlichen Publikationen und auch an den Investitionen bemerkbar. Während chinesische Unternehmen in 1998 noch nur 0,29 Prozent des chinesischen BIP in Forschung und Entwicklung investierten, sind es 2021 fast zwei Prozent, Tendenz steigend.

In Deutschland hingegen fällt die Steigerung der F&E-Ausgaben deutlich zurückhaltender aus. Bereits seit 2017 liegt die Quote der F&E-Ausgaben der deutschen Unternehmen bei 2,1 Prozent des deutschen BIP. Dabei waren wir, wie wir schon im vorhergehenden Kapitel gesehen haben, Ende der 80er-Jahre schon mal bei 1,9 Prozent. Damals waren wir damit weltweit Spitzenreiter.[12] Aber seit 1990 werden deutsche Unternehmen nach und nach von Unternehmen anderer Länder überholt, zuerst von Schweden, dann Japan, den USA, der

Schweiz und weiteren. In den Jahren zwischen 2011 und 2015 waren die Ausgaben der Unternehmen für Forschung und Entwicklung in Deutschland und den USA fast identisch, in 2012 lag Deutschland sogar noch mal einige Punkte vorn, seitdem wachsen allerdings die Ausgaben anderer Länder weiter, während Deutschland bei 2,1 Prozent verharrt. Korea steigerte seine Quote seit 2000 von 1,52 Prozent auf 3,9 Prozent, die USA von 1,6 Prozent auf 2,7 Prozent.

Betrachtet man die Platzierung Deutschlands in der F&E-Quote und den Rankings über die Zeit, lässt sich gut verfolgen, wie die Innovationskraft hierzulande abgefallen ist. Dabei stehen wir auf einem guten Fundament. Auch der Innovationsindex bestätigt Deutschland ein eingespieltes, «ausbalanciertes System», eine stabile Innovationstätigkeit, die jedoch stagniert: Während andere Länder voranschreiten, treten wir auf der Stelle – und fallen dadurch zunehmend zurück.

Besonders auffällig ist auch hier, dass Deutschland zwar im Bereich «Wissensgenerierung» sehr gut abschneidet, im Bereich «Umsetzung von Wissen in Innovation» jedoch schlecht. Der Innovationsindex attestiert uns also ebenso eine starke Forschung, aber Defizite in der Nutzung der Ergebnisse für eine innovative Wirtschaft und Gesellschaft. Unsere sehr guten Ergebnisse der Forschung, seien es Publikationen, Patente oder Gebrauchsmuster, stecken fest und entwickeln sich nicht zu vollen Innovationen. Wenn wir nur die späten Readiness Level und Verwertungsphasen analysieren, wie zum Beispiel die Bedeutung von Start-ups für die Wirtschaft, sieht es für Deutschland schlecht aus.

Das erklärt, warum trotz guter Forschung die «Innovatorenquote» der deutschen Unternehmen sinkt. Die Quote beschreibt den Anteil der Unternehmen, die in den vergangenen drei Jahren mindestens eine Prozess- oder Produktinnovation eingeführt haben.[13] In den letzten zwanzig Jahren ist diese Quote kontinuierlich geschrumpft. Vor allem bei den kleinen und mittelständischen Unternehmen sinkt die Quote seit vielen Jahren und erreichte im Pandemiejahr 2022 einen historischen Tiefstand von 40 Prozent. Seitdem hat sie sich nicht erholt, ist sogar noch um einen Prozentpunkt weiter auf 39 Prozent gefallen.[14] Dasselbe Bild zeigt sich bei den deutschen Großunternehmen.[15]

Gleichzeitig geht der Anteil des Umsatzes, der durch Innovationen getätigt wird, laufend zurück. Im Jahr 2022 waren Produktinnovationen nur für 12 Prozent des gesamten erwirtschafteten Umsatzes der deutschen Unternehmen verantwortlich. Das ist der niedrigste Wert seit der Rezession in 2009.

Auch qualitative Umfragen unter deutschen Unternehmen bestätigen, dass die Innovationsbereitschaft vor allem im Mittelstand zurückgeht.[16]

Dabei brauchen wir die Innovationen, wie wir gesehen haben, dringend: Im World Competitive Ranking bestreitet Deutschland nur noch den 24. Platz von 67, obwohl es in 2014 noch auf Platz 6 rangierte. Unsere Arbeitsproduktivität pro Kopf beschert uns einen lausigen Platz 97 von 133 im Global Innovation Index. Und die Wirtschaftsleistung stagniert: Zum Zeitpunkt, in dem dieses Buch geschrieben wurde, steckt Deutschlands Wirtschaft das zweite Jahr in Folge in einer Rezession. Das Bruttoinlandsprodukt sank 2024 um 0,2 Prozent. Im Vorjahr 2023 war es bereits um 0,3 Prozent gesunken, und auch für 2025 sind die aktuellen Prognosen sehr zurückhaltend.

Neue technische Innovationen können eine positive Wirkung auf die Wirtschaft entfalten. Aber obwohl tagtäglich spannende Erfindungen in Deutschland verwirklicht werden, schaffen es nur Bruchteile von ihnen durch die gesamte Kette des Innovationslebenszyklus. Unternehmen und Staat investieren in Innovation, aber nicht in ausreichendem Maße und oft in den falschen Bereichen, sodass eine messbare Wirkung für die Volkswirtschaft sich anhand der Kennzahlen nicht ablesen lässt.

Durch stagnierende Innovationskraft ist nicht nur unser Wohlstand gefährdet, auch die technologische Souveränität sinkt. Je mehr Innovationen aus dem Ausland kommen, desto abhängiger und verletzlicher werden wir.

Dem gegenüber steht wiederum eine gewisse Innovationskraft Deutschlands und Europas in anderen Bereichen. Wir können feststellen, dass wir mit einigen europaweiten Gesetzen innovatives Neuland im Bereich des Digitalen beschritten haben. Die Welt schaut sehr interessiert auf die Datenschutzregulierung und andere Regulierungen, die wir erlassen und bei denen wir uns zu Recht als Vorreiter bezeichnen dürfen. Die Frage ist allerdings: Halten sich diese beiden Felder noch die Waage? Ein befreundeter Gründer sagte einmal zu mir: «Ich möchte nicht, dass Europa nur noch das Ordnungsamt des Planeten ist. Lieber wären mir spannende Produkte made in Germany!»

Die Kennzahlen zu Forschung und Innovation geben uns Antworten auf unsere Fragen, wie es um Innovation in Deutschland steht. Dabei zeigt sich vor allem die Übergabe der Forschungsergebnisse in die Anwendung als dysfunktional. Außerdem ist die Innovationsaktivität der Unternehmen außerhalb unserer traditionellen Industriesektoren zu schwach ausgeprägt. Unsere klassischen Industriezweige hingegen investieren zwar in Innovation, kämpfen aber mit nachlassender

Nachfrage und internationalen Umwälzungen durch tiefgreifende Technologiewechsel und geopolitische Spannungen. In den folgenden Kapiteln schauen wir uns daher die konkreten Herausforderungen in diesen beiden Problemfeldern genauer an.

4
Wir verschenken unseren Reichtum

«Deutschland ist ein Produktionsstandort. Wir können Autos und Maschinen. Es ist doch kein Wunder, dass wir keine Software bauen. Das liegt uns einfach nicht im Blut», sagt ein befreundeter CEO zu mir. «Du kannst ja nicht einfach die DNA der Leute ändern. Wenn die keine digitalen Ideen haben, ist es halt so.» Vor meinem geistigen Auge sehe ich kleine Fabriken und Autos, die den Deutschen durch die Venen fließen. Die Analyse der gesamtdeutschen DNA scheint für meinen Gesprächspartner auf der Hand zu liegen. Und natürlich hat er recht, nicht im Sinne einer genetischen Vorbestimmung, aber insofern, dass unsere klassischen Stärken und damit natürlich auch viel Kapital und Ressourcen woanders liegen. «Soll das bedeuten, dass es in diesem Land einfach keine digitalen Erfinder und Innovatoren geben kann?», frage ich zurück. «Natürlich gibt es welche! Wir haben doch SAP. Aber halt nicht im gleichen Maßstab.» Eine naheliegende Antwort, die mich aber nicht zufriedenstellt. Dafür kenne ich zu viele Beispiele für spannende digitale Geschäftsmodelle aus Deutschland. Dass wir grundsätzlich das Zeug dazu haben, digitale Innovationen hervorzubringen, haben mir etliche Gründer und Gründerinnen eindrucksvoll bewiesen.

Schon als ich 2015 mit meinen Mitgründern meine eigene Start-up-Reise begann, gab es viele spannende, digitale Unternehmen. Die Zeit der ersten digitalen Consumer-Ideen mit einer großen Anzahl von E-Commerce-Gründungen ging gerade zu Ende. Wer erinnert sich nicht etwa an die Samwer-Brüder und Rocket Internet? Wir waren die erste Welle der Künstliche-Intelligenz-Start-ups. Wir waren anders als die E-Commerce-Unternehmen. Unsere Technologie war anspruchsvoll – das war unser Unique Selling Point, unser Alleinstellungsmerkmal, aber immer auch das Risiko: Würde die Technologie halten, was sie verspricht? Wir trafen uns bei Meetups, bei Acceleratoren und Veranstaltungen. Es gab KI-Lösungen gegen Ladendiebstahl, KI zur automatischen Überprüfung von Regressansprüchen, KI für Kundenservice, KI für Automatisierungen von Buchhaltungsprozessen und vieles mehr. Eine riesige Bandbreite unterschiedlicher Software-Anbieter versuchte sich am Markteintritt, alle ohne Nutzung von Drittanbieter-KI, weil es kaum welche gab. Stattdessen trainierten wir selbst unsere KI-Modelle.

Und die Vielfalt der in diesen Landesgrenzen – trotz Industrie-DNA – entwickelten digitalen Innovationen hat seitdem nicht abgenommen. Als Leiterin von K.I.E.Z., einem Programm der Berliner Universitäten zur Unterstützung von KI-Ausgründungen, konnte ich viele innovative Forscherinnen und Forscher kennenlernen. Da ist zum Beispiel die Gründerin mit Wurzeln in der Modebranche. Sie entwickelt eine Software, die die Modeindustrie digitalisiert, inklusive einer künstlichen Muse, die Designer zu neuen Inspirationen verhilft. Der Clou an der Sache: Durch die digitale Generierung von unterschiedlichen 3D-Designs entfallen Teile der Test-Produktion, die sonst ihren Weg in den Müll gefunden hätten. Die Modeindustrie ist eine der am wenigsten nachhaltigen Industrien, was unter anderem an dem während der Produktion anfallenden Ausschuss, also Müll, liegt.

Dann gibt es das Gründerteam, das mittels KI eine Software zur Energieoptimierung von ganzen Siedlungen und Blocks entwickelt hat. Mit einer intelligenten Steuerung von Wärme unterstützt das Unternehmen die Gebäudewirtschaft dabei, die Energiewende umzusetzen und Verbrauch und Kosten ebenso wie CO_2 einzusparen.

Auch beeindruckend sind die zwei Gründer, die eine Technologie zur Verbesserung von Sprach-Audiosignalen entwickelt haben, die die Qualität von aufgenommener Sprache optimiert und sogar ganze fehlende Stücke reparieren kann, und das unabhängig davon, ob die Sprache Deutsch oder Burmesisch ist. Nie wieder schlechte Audiokonferenzqualität. Auch in Hörgeräten könnte diese Software eingesetzt werden.

Ein Team von Biologen und Experten für Maschinelles Lernen wagt das Rennen mit den ganz großen Anbietern. Es hat eine Software für Proteinsequenzierung entwickelt. Die Software berechnet Kandidaten für passende Proteine für spezifische Anforderungen, was zum Beispiel in der Medizin und in der Lebensmittelwirtschaft von großer Bedeutung ist.

Spannend finde ich auch das Team, das mittels KI das Onboarding und Training von neuen Mitarbeitern automatisiert und personalisiert. Gerade in Zeiten des Arbeitskräftemangels und in Branchen mit hoher Fluktuation ist Training von Mitarbeitenden ein relevanter Kostenfaktor geworden. Die Software übernimmt die Auswahl des richtigen Lerninhaltes, auf der passenden Sprache für einen Bruchteil der Kosten.

Ich könnte die Liste noch lange weiterführen. Die Ideen,

die ich in den letzten Jahren kennenlernen durfte, wirkten auf mich wie eine Pralinenschachtel, in der es keine einzige Praline gab, die man lieber dem ungeliebten Kollegen schenkt.*

Selbst digitale Einhörner, also Start-ups, die mit mehr als einer Milliarde bewertet werden, hat Deutschland in den letzten Jahrzehnten hervorgebracht. Celonis ist ein gutes Beispiel oder Personio, die Personalsoftware. Und natürlich SAP, unser einziger internationaler Softwarekonzern. Selbst im KI-Bereich gibt es inzwischen einige erfolgreiche Unternehmen wie DeepL, die Übersetzungssoftware, Aleph Alpha und Helsing AI, ein Verteidigungsunternehmen. Wir können das also sehr wohl, aber aktuell sind es noch vereinzelte Erfolgsstorys. Wir bräuchten viel mehr davon, um als Gesellschaft für die Zukunft gewappnet zu sein. Und wir brauchen sie auch in anderen Zukunftstechnologien. Wir haben schon gesehen, dass die digitalen Innovationen es häufig nicht von der Idee in die Umsetzung schaffen. Wo genau hakt es also? Um das besser zu verstehen, schauen wir uns zuerst die rechtliche Situation der Erfindungen genauer an.

4.1 Wem gehört eine Erfindung?

Im Falle eines forschenden Unternehmens ist der Weg von der Erfindung zur Anwendung klar: Das Unternehmen kann Erfindungen hervorbringen und diese gleich nutzen, indem es seine

* Die genannten Start-ups sind: Yoona.ai, Green Fusion, ai|coustics, Exazyme und Elephant AI. Das ist nur eine kleine Auswahl der spannenden Start-ups aus Deutschland.

Produkte damit ausstattet. Erfindet beispielsweise ein Medizingerätehersteller eine neue Form des Messens von Gehirnströmen durch die EEG-Technologie, die ohne Elektrodengel auskommt, kann das Unternehmen diese erst im Labor testen und bei Erfolg und den entsprechenden Zertifizierungen in eigenen Geräten zum Einsatz bringen. Daher sind in Unternehmen Innovationen häufig auch «einfach» Ergebnisse der Produktweiterentwicklung, die gar nicht explizit als Forschung betitelt wird.

Wenn aber eine Universität oder ein Forschungszentrum diese Erfindung tätigt, existiert dieser Weg zur Nutzung nicht. Im Gegenteil, die Erfindung ist gewissermaßen losgelöst von der Welt der potenziellen Nutzer, sie ist nur in der wissenschaftlichen Sphäre vorhanden. Tatsache ist, dass eine Erfindung aus der staatlich finanzierten Forschung etliche Hürden überwinden muss, um bis zu einer Innovation zu gelangen.

Die Schwierigkeiten fangen schon damit an, festzustellen, wem die Erfindungen aus der Wissenschaft eigentlich gehören. Juristisch befinden wir uns nämlich in einer Konfliktsituation zwischen dem Arbeitsrecht und dem Recht am geistigen Eigentum. Während das eine die Erfindungen dem Arbeitgeber zuordnet, garantiert das Zweite den Erfinderinnen den Besitz. Um dieses Dilemma zu überwinden, wurde 1936 das Patentgesetz geschaffen, das den Besitz einer Erfindung dem Erfinder zugestand. Während des Zweiten Weltkriegs wurde das Gesetz überarbeitet und durch die Göring-Speer-Verordnung abgelöst. Die Verordnung von 1942 legte fest, dass Erfindungen von Arbeitnehmern geschützt und ausgewertet werden müssen. Wenig überraschend galt das vor allem in Bereich der Rüstung. Nun hatten Arbeitnehmer, die etwas erfunden hatten, die Pflicht, diese Erfindung dem Arbeitgeber anzuzeigen, damit dieser sie nutzen konnte. Die Verordnung regelte auch die Inanspruchnahme der Erfindung durch den Arbeitgeber und eine eventuelle Vergütung der Erfinderinnen. Die nationalsozialistische Verordnung wurde 1957 vom Gesetz über Arbeitnehmererfindungen abgelöst, das inhaltlich nicht groß von der alten Verordnung abwich, den Fokus aber nicht mehr auf die Rüstung legte. Es gilt bis heute, dass Erfindungen von Arbeitnehmern dem Arbeitgeber zustehen, solange sie während der Arbeitszeit entwickelt wurden oder in Zusammenhang mit der Arbeitstätigkeit stehen. Erfindet jemand etwas, das in keinem Zusammenhang zu seiner Arbeit steht, ist diese Erfindung jedoch frei. Das heißt, wenn ich als Angestellte in der Automobilbranche eine Erfindung im Bereich der Motorentechnik mache, und sei es, weil ich am Wochenende in meiner Garage tüftle, hat der Arbeitgeber Anspruch auf meine Erfindung. Erfinde ich hingegen ein bahnbrechendes neues Rezept für einen Brotteig oder ein Medikament, gilt das nicht.

Allerdings gab es im Gesetz von 1957 eine Ausnahme für wissenschaftliche Erfindungen, das «Hochschullehrerprivileg». Als Mitarbeitende einer Universität oder eines Forschungszentrums gehörten meine Erfindungen immer noch mir. Die Institutionen hatten im Gegensatz zu den Unternehmen keinen Anspruch auf die Erfindungen.

Das änderte sich erst 2002 in einer Anpassung des Arbeitnehmererfindergesetzes. Nun wurden wissenschaftliche Angestellte anderen Angestellten gleichgestellt. Das Hochschullehrerprivileg wurde abgeschafft. Das lag einerseits an einem steigenden Druck zur Innovation und Transfer an den Universitäten, aber auch an Untersuchungen, die zeigten, dass nur sehr wenige Forschende von ihrem Patentrecht überhaupt Gebrauch machten.

Von da an standen die Erfindungen zur Verwertung der Einrichtung zu. Was bedeutet, dass Forschenden alle ihre Erfindungen in ihrem Fachbereich an ihre Arbeitgeberin melden müssen. Möchte die Einrichtung die Erfindung kommerzialisieren, haben die Erfinder im Gegenzug Anspruch auf eine angemessene Vergütung.

Die Verantwortung zur Nutzung einer Erfindung liegt nun also in der Wissenschaft. Aber wie kommen die Institutionen mit dieser neuen Verantwortung zurecht? In den folgenden Unterkapiteln gebe ich einen Einblick in die aktuelle Situation zur Verwertung von Ergebnissen aus der Forschung und welche Probleme sich dabei stellen.

4.2 Universitäten sind keine Unternehmen

Woran denken Sie, wenn Sie sich eine Universität vorstellen? Wenn es Ihnen so geht wie mir, entsteht vor Ihrem Auge ein trutziges, stolzes, altes Steingebäude, ehrwürdig und geschichtsträchtig. Vielleicht mit einer Sternwarte in einem Turm. In der Fassade Einschusslöcher aus den Weltkriegen und andere durch die Jahrhunderte entstandene Schäden. Im Keller Karzer, also Kerker, aus der Zeit, in der Universitäten noch die akademische Gerichtsbarkeit über ihre Studentenschaft hatten und sie bei Fehlverhalten auch mal in die Arrestzelle steckte. In meiner Studienzeit gab es an der Universität noch einen abgelegenen Flur mit einem «Pabst», einem Speibecken der Studentenverbindungen, in das man sich gepflegt übergeben konnte, wenn man einen Magen-Darm-Infekt (selten) oder zu viel Alkohol getrunken hatte (vermutlich häufiger). In der

Bibliothek des Fachbereichs gab es Buchausgaben der antiken Klassiker von vor dem Krieg.

Universitäten in Deutschland sind traditionsreiche Orte. Und traditionell haben die deutschen Universitäten zwei Aufgaben: Sie bilden die wissenschaftlichen Fachkräfte der nächsten Generation aus und sie forschen an den nächsten Erkenntnissen. Das Mandat von Universitäten sind Lehre und Forschung. Dafür erhalten sie seit Jahrhunderten Geld. Transfer hingegen ist kein traditioneller Bestandteil des wissenschaftlichen Auftrags. Transfer gehört in die «Third Mission», die dritte Mission der Hochschulen. Zur dritten Mission gehören neben Transferaktivitäten auch Wissenschaftskommunikation, soziale Innovationen oder Weiterbildung der Zivilgesellschaft. Es ist eine Art Sammelbecken für Aufgaben, die mit der Außenwelt interagieren. Die Ausprägung der Third Mission in den Landeshochschulgesetzen ist unterschiedlich stark. Manche Bundesländer sind weiter als andere. Aber auf die Ebene der Hauptaufgaben Forschung und Lehre schaffen es die Themen nicht. Was aber nicht in den Kernauftrag gehört, ist auch nicht Teil der Finanzierung und läuft irgendwie «nebenbei» – oder gar nicht.

Ebenso verhält es sich mit den außeruniversitären Forschungseinrichtungen. Zwar nehmen Forschungseinrichtungen den Transfer in den letzten Jahren ernster, aber von einer Angleichung des Stellenwertes an die Forschung sind wir noch weit entfernt. Ausnahme ist die Fraunhofer-Gesellschaft, die von Beginn an auch als Transfergesellschaft entwickelt wurde und deren Finanzierung zu einem Drittel aus gemeinsamen Projekten oder Auftragsforschung mit Unternehmen stammen muss.

Wir haben ein enormes Potenzial für Innovationen an den

technischen Universitäten. Allein die drei größten technischen Universitäten vereinen 130 000 Studierende und 18 000 Forschende: Die TU München hat 50 000 Studierende und etwa 8000 Forschende, die RWTH Aachen bildet etwa 45 000 Studierende aus mit etwa 7000 Forschenden, und an der TU Berlin sind 34 000 Studierende eingeschrieben und forschen 3000 Personen.

Bei diesen Zahlen muss man davon ausgehen, dass hier jede Menge nutzbare Ideen und Ergebnisse produziert werden, was die guten Ergebnisse der Forschung ja auch zeigen. Aber danach bricht die Kette ab. So schätzt der Wagniskapitalgeber Earlybird, dass etwa 75 Prozent aller Erfindungen aus der Forschung nicht weiter genutzt werden.[1]

Der Grund liegt unter anderem an Transferstrukturen, die wegen des schwachen Mandats und mangelnder Finanzierung entweder gar nicht vorhanden oder brüchig sind. An vielen Universitäten und Forschungszentren gibt es seit der am Anfang dieses Kapitels erwähnten Gesetzesänderung von 2002 sogenannte «Transferstellen», die für die Arbeitnehmererfindungen zuständig sind. Sie beraten Forschende und gehen auch pro-aktiv in der Institution auf die Suche nach geeigneten Ideen und willigen Personen.

Doch die Identifikation von geeigneten Erfindungen ist wie die Suche nach der berühmten Stecknadel in einem Heuhaufen, der schneller wächst, als man ihn abtragen kann. Man bräuchte enorme Ressourcen, um das flächendeckend zu schaffen. In der Realität sind jedoch zwanzig Personen in einem Transferteam schon großzügig, drei bis fünf Mitarbeiter eher die Norm. Was denken Sie: Wie gut schaffen es eine Handvoll Personen, die Ergebnisse der zahlreichen Forschungsprojekte, aber auch der Unmengen an Bachelor-, Master- und

Promotionsarbeiten einer Universität mit 50 000 Studierenden und 8000 Forschenden auf ihre Transfermöglichkeiten zu überprüfen und in Richtung Verwertung zu bewegen? Das kann nur stichprobenartig passieren.

Noch dazu ist die Aufgabe mühsam und lässt sich schlecht skalieren. Da werden Workshops zu Innovationen angeboten, vor ausgewählten Studierendengruppen für den Transfer geworben und jede Menge Einzelgespräche geführt. Zum Beispiel wird in Gesprächen mit Professorinnen versucht, diese für die Verwertung ihrer Ideen zu begeistern. Dabei haben die Transfermitarbeiterinnen und Mitarbeiter natürlich keine Befugnis, dem wissenschaftlichen Personal die Verwertung anzuordnen, sie stehen in der Hackordnung weit unter den Forschenden. Um die Gespräche müssen sie werben, und oft genug kommt es gar nicht erst zu einem Termin, da die Wissenschaftler mit anderen Aufgaben ausgelastet sind.

In den allermeisten Fällen sind die Personen, die in Transferteams arbeiten, nicht aus dem festen Haushalt einer Universität finanziert, da aus diesem vor allem die Aufgaben Lehre und Forschung finanziert werden. Die Stellen in den Transferteams werden oft aus Drittmitteln finanziert. Das bedeutet, dass sie in der Regel nicht sehr gut bezahlt und zeitlich begrenzt sind. Vertragslaufzeiten von einem Jahr sind keine Seltenheit, teilweise arbeiten Personen ehrenamtlich in diesen Teams. Gleichzeitig hat man außerhalb von Überzeugungskraft kaum Handhabung, etwas zu bewegen. Dadurch sind die Stellen so unattraktiv, dass es eine Herausforderung ist, gute Leute für sie zu begeistern. Vor allem Personen, die vorher in einem Unternehmen gearbeitet haben, sind schwer von solchen Konditionen zu überzeugen. Es herrscht eine hohe Fluktuation und kaum die Möglichkeit, Personen lange genug zu binden, damit man sie professionalisieren könnte.

Viele Universitäten versuchten nach dem Fall des Hochschullehrerprivilegs, durch neu gegründete Patentverwertungsgesellschaften eine professionelle Struktur aufzubauen. Privatwirtschaftliche Tochterunternehmen sollten die Patentierung und die Kommerzialisierung übernehmen. Man versprach sich dadurch nicht nur bessere Kapazitäten und Know-how, sondern auch einen leichteren Zugang in die Welt der Unternehmen. Die Aufgabe beinhaltet ja nicht nur die Schaffung von Patenten und geistigem Eigentum, sondern auch das Identifizieren von geeigneten Kunden, die Vertragsverhandlung und den Verkauf. Dafür schlossen sich oft mehrere Universitäten eines Bundeslandes oder einer Region zusammen. In Berlin zum Beispiel gründeten die Universitäten, die Charité, die Hochschulen und die Investitionsbank des Landes Berlin im Jahr 2002 gemeinsam ein Verwertungsunternehmen. Vorrangig finanziert durch die Investitionsbank und den Bund, musste das Unternehmen in 2013 Insolvenz anmelden. Die Einnahmen durch die IP-Verwertung waren geringer als erwartet und das Land verweigerte eine weitere Finanzierung. Seitdem sind die beteiligten Universitäten und Hochschulen wieder dezentral in ihren Transferstellen für die Verwertung verantwortlich. Viele weitere Verwertungsagenturen in anderen Bundesländern erlitten ein ähnliches Schicksal. Viele sind insolvent, manche wurden weiterentwickelt, zum Beispiel zu einer Einrichtung für die allgemeine Wirtschaftsförderung im Bundesland. Einige wenige sind noch in ihrem ursprünglichen Rahmen aktiv. Die meisten eint jedoch, dass sie sich weiterhin nicht selbst finanzieren können und bezuschusst werden müssen. Offensichtlich ist die zeitliche Verzögerung der Rendite und die Schwierigkeit, passende Unternehmen für die Verwertung zu finden, kombiniert mit den hohen Schutzkosten für Patente und der Abhängigkeit von Meldungen aus den Universitäten, ein herausforderndes Geschäftsmodell.

Die Transferpersonen, die ich kenne, arbeiten trotzdem hart daran, die nächste goldene Stecknadel zu finden. Aber die Umstände des Jobs machen es ihnen nicht leicht, manche sind regelrecht verzweifelt. In der ersten Phase meiner eigenen Gründung geriet ich im Universitätskontext an einen Berater, der uns anbot, uns einen Deal mit einem Investor zu besorgen. Allerdings nur, wenn wir ihm persönlich zwanzig Prozent der Summe – am besten in Bar – vorab geben könnten. Damit überschritt er selbstverständlich seine Rolle bis in die Grenzen der Illegalität. Ich bin sehr froh, dass wir nicht so blauäugig waren, dieses Angebot in Erwägung zu ziehen. Aber das war nicht selbstverständlich, denn wenn man sich mit der Finanzierung durch Investoren nicht auskennt, mag man verzweifelt genug sein oder eine Art «Maklerprovision» durchaus für normal halten.

4.3 Forschende haben keine Innovationsanreize

Wir haben gesehen, dass Artikel schreiben und sie zu veröffentlichen der Mittelpunkt des wissenschaftlichen Arbeitens ist. Daneben sind die Forschenden mit der Einwerbung von Drittmitteln beschäftigt, denn es ist üblich, dass vor allem junge wissenschaftliche Mitarbeitende auf Ketten von befristeten Verträgen arbeiten. Da die Vorhaben begrenzte Laufzeiten haben, müssen immer wieder neue Projekte beantragt werden, um die Stellen zu sichern und Forschungsbereiche weiter auszubauen. An den Universitäten und Hochschulen haben die Forschenden darüber hinaus noch eine Lehrverpflichtung, die viel Zeit in Anspruch nehmen kann. Für Professorinnen in leitender Funktion kommen noch administrative Aufgaben hinzu.

Forschende sind also in der Regel gut beschäftigt. Sie müssen sich genau überlegen, welchen Aufgaben sie ihre Zeit widmen. Besonders hoch sind die Anreize, sich um wissenschaftliche Publikationen zu kümmern, denn die entscheiden, wie wir gesehen haben, über die weiteren Karrierechancen. Auch der Arbeitgeber, sprich die Hochschule oder Forschungseinrichtung, erwartet, dass die eigenen Mitarbeiterinnen erstklassig publizieren.

Neben den Veröffentlichungen sind erfolgreich eingeworbene Drittmittelprojekte die nächste Kennzahl für den Erfolg. Bei Bewerbungen auf Stellen in der Wissenschaft spielen eingeworbene Drittmittel durchaus eine Rolle. Schließlich braucht jede Universität und jedes Forschungszentrum Drittmittel und freut sich über Kandidaten, denen es in der Vergangenheit gut gelungen ist, welche einzuwerben.

Erfahrung mit der Gründung von Start-ups oder Unternehmenskontakte hingegen spielen eine nachgelagerte Rolle. Sie werden keiner Bewerbung zum Durchbruch verhelfen, wenn man nicht auch sehr gute Publikationswerte vorweisen kann. Die Anreize, in die dritte Mission und den Transfer Zeit und Ressource zu investieren, sind daher deutlich geringer.

Auch von potenziellen Einnahmen aus Lizenzen und anderer kommerzieller Nutzung profitiert ein Wissenschaftler in der Regel nicht. Erträge kommen im Großteil aller Fälle der Einrichtung als Ganzes zugute, nicht dem eigenen Forschungsbereich. Die einzelnen Wissenschaftlerinnen, die sich trotzdem für den Transfer einbringen, tun das entweder, weil sie es persönlich für richtig und wichtig halten, oder weil sie ihre ehemaligen Mitarbeitenden oder Studierenden unterstützen wollen. Es gibt immer wieder Beispiele von Professoren, die ohne großes Klagen hinnehmen, dass vier ihrer besten Doktoranden bei ihnen kündigen, um ein eigenes Start-up zu gründen, und sie dabei auch noch mit unbezahlter Arbeit unterstützen. Und der Fachkräftemangel macht auch vor der Wissenschaft nicht Halt. Vier Doktoranden gleichzeitig zu verlieren, ist für einen Lehrstuhl eine starke Belastung. Was diese, leider noch viel zu seltenen, Professoren von anderen Wissenschaftlern unterscheidet, ist, dass sie den langfristigen Mehrwert erkennen. Sie wissen, dass ein erfolgreiches Start-up in der Nähe ein sehr guter Abnehmer für ihre Forschung und auch ein künftiger Arbeitgeber für ihre Studierenden werden kann. Ein junges Unternehmen kann sogar dafür sorgen, dass Personen in die Gegend ziehen, die vielleicht mit der Universität kooperieren, dort Vorlesungen halten oder forschen. Die Professorinnen haben verstanden, dass es Austausch braucht, um erfolgreich zu sein.

Es gibt aber auch negative Beispiele: Während der Arbeit bei K.I.E.Z. und in verschiedenen Gremien sind mir immer wieder Gründungsteams begegnet, in denen Professoren zwar involviert waren, aber keine tragende Rolle spielten. Sie waren die Inhaber des zuständigen Lehrstuhls und wissenschaftliche Betreuer des Teams, das meist aus jungen Forschenden bestand. Obwohl sie keine aktive Rolle in dem neuen Unternehmen spielen sollten, waren für sie persönlich großzügige Anteile am neuen Unternehmen geplant, teilweise bis zu 40 Prozent. Von einem Erfolg des Unternehmens hätten sie finanziell stark profitiert, ohne allerdings das Risiko der Existenzgründung zu tragen. Im Gegenteil zum eigentlichen Team, das gut bezahlte Jobs verlassen musste. Auch wenn die wissenschaftliche Unterstützung und Vorarbeit wertvoll und notwendig waren, sind solche Projekte zum Scheitern verurteilt. Die Stimmung im Team kippt meist schnell, wenn die Gründer erst einmal verstanden haben, wie viel sie an persönlichem Risiko eingehen im Gegensatz zu dem wissenschaftlichen Betreuer. Aber vor allem ist ein solches Unternehmen aufgrund der Eigentümerstruktur für zukünftige Investoren nicht attraktiv. Solche Projekte werden daher in der Regel erst dann unterstützt, wenn die Anteile anders verteilt worden sind.

Abgesehen von solcher zweifelhaften Motivation, sich zu bereichern, ist die Anreizstruktur für Transferaktivitäten in der Wissenschaft also eher schwach. Nur Forschende, die sehr ganzheitlich für einen Standort oder einen Fachbereich denken oder persönlich Spaß am Transfer ihrer Ergebnisse haben, setzen sich freiwillig dafür ein. Und das ist nur ein sehr kleiner Teil.

4.4 Forschenden fehlt das Know-how

Für diejenigen Forschenden, die sich trotz allem schon dem Transfer widmen, ist der Weg oftmals steinig. Es ist nicht nur der Zeitmangel, plötzlich werden auch andere Fähigkeiten und Erfahrungen wichtig. Eine Professorin ist eine Professorin, weil sie eine akademische Laufbahn eingeschlagen hat. Dazu braucht sie Fähigkeiten, ohne die es unmöglich ist, erfolgreich zu sein. Textarbeit, Beantragung von Fördermitteln und Präsentationen gehören dazu. Verkauf von Produkten, Marketing oder der Aufbau einer Vertriebsorganisation gehören in der Regel nicht dazu. Genauso wenig wie das Aufsetzen eines Gesellschaftervertrages für eine GmbH und die Suche nach einem Notar.

Als ich mich entschloss, aus der Wissenschaft heraus ein Unternehmen zu gründen, hatte ich keine Ahnung, worauf ich mich einließ. Weder in meinem privaten Umfeld noch im beruflichen Netzwerk hatte ich engen Kontakt zu Unternehmerinnen. Ich wusste nicht mehr über Start-ups als die Erfolgsgeschichten aus der Presse. Genauso gut hätte ich mir überlegen können, ein Haus selbst zu planen, weil ich an einem schönen Gebäude vorbeigekommen war. Es ist ein Umstand, der mir in der späteren Arbeit mit anderen Gründern aus den Universitäten immer wieder begegnet ist: Die meisten haben kein Vorwissen über Unternehmensgründungen. Wissenschaftler sind keine Unternehmer und haben selten Kontakt zu unternehmerischen Tätigkeiten. Die Netzwerke zwischen unternehmerischen Kreisen und wissenschaftlichen Kreisen berühren sich viel zu selten.

Damals hielt ich das für ein persönliches Defizit. Dann würde ich es halt lernen müssen. Inzwischen weiß ich, dass Deutschlands Bildung bei der Vermittlung von unternehmerischem Handeln international stark zurückliegt. Es ist fast unmöglich, ohne die Kenntnis von 200 Jahre alten Büchern erfolgreich unser Bildungssystem zu durchlaufen, aber die meisten Kinder kommen locker bis zum Schulabschluss, ohne einmal in Kontakt mit dem Thema Unternehmertum zu kommen.*

Ich erinnere mich noch gut an meinen Besuch im Berufs-

* Die 200 Jahre alten Bücher schätze ich übrigens durchaus, schließlich habe ich auch Literatur und Philosophie studiert.

informationszentrum als Schülerin. In einer Art analoger Registerdatenbank sollte man verschiedene Fragen beantworten, die dann einer geheimen Berechnung folgend den Beruf vorschlug, der am besten zu einem passt. Die Ergebnisse waren durch die Bank Lohnberufe in angestellter Tätigkeit. Eine Freundin sollte Bäckerin werden, eine andere Lohnbuchhalterin. Mir wurde empfohlen, ich solle Gemeindepastorin werden. Wie einfach wäre es gewesen, den Kindern hier den Kontakt zu moderneren Tätigkeiten und Unternehmertum zu vermitteln. Und mit dem Schulabschluss endet dieses Defizit nicht. Auch in der weiteren Ausbildung begegnet einem Wissen zu unternehmerischen Tätigkeiten kaum.

Mir war klar, ich würde es allein nicht schaffen, also fragte ich eine Kollegin und Freundin, ob sie Interesse hätte, mitzumachen. Ebenfalls Wissenschaftlerin im gleichen Bereich, hatte sie zwar auch keine Ahnung von Unternehmertum, aber sie brannte für die Idee, war wissenschaftlich klasse und gut gelaunt. Zu zweit konnten wir Ideen austauschen, uns mit der Materie vertraut machen und uns immer wieder gegenseitig aufbauen, wenn wir auf Hindernisse stießen. Ziemlich schnell stellten wir fest: Wir trauen uns zu, eine Software zu bauen, aber wir brauchen Unterstützung bei dem Aufbau eines Unternehmens.

Da wir beide Frauen waren, lag es für uns nahe, nach Angeboten explizit für Frauen zu schauen. Doch die Mitarbeiterin der Beratungsstelle für Gründerinnen, bei der wir vorsprachen, sah uns nur mit großen Augen an. Was wollten wir? Eine Technologie-GmbH gründen? Mit mehreren Inhabern? Also, da könne sie uns leider wirklich nicht weiterhelfen. Den Fall habe sie noch nie gehabt und damit kenne sie sich gar nicht aus. Ob wir eventuell ein Yogastudio eröffnen wollten? Als GbR. Da habe sie schon mehrere betreut. Sie zuckte ratlos mit den Achseln, es tat ihr wirklich leid, aber da war nichts zu machen. Wir gingen keinen Deut schlauer als vorher wieder nach Hause. Für Empörung und Frust hatten wir trotzdem keine Zeit, aber die Begebenheit zeigt deutlich: Unsere Unwissenheit war kein persönliches Verschulden, sie war systemisch bedingt.

Fast anderthalb Jahre gingen wir mit unserer Gründungsidee schwanger, bis wir so weit waren. Immer wieder bemühten wir uns, unser Wissensdefizit auszugleichen. Was schließlich den Unterschied machte, war ein Angebot der Bundesregierung. Das EXIST-Programm[2] unterstützt Gründerinnen und Gründer, die aus der Forschung oder nach dem Studium ein wissenschaftsnahes Unternehmen starten wollen. Das Programm gibt es bereits seit mehr als 20 Jahren und es hat in seiner Geschichte mehr als 3000 Hightech-Unternehmen aus verschiedenen Bereichen gefördert. Gründerteams, die sich auf EXIST-Förderung bewerben, erhalten Stipendien für ihre Existenzsicherung, Coachingangebote und Kontakte durch das Netzwerk. Es waren diese Netzwerke und ein großer Zufall, die für uns den entscheidenden Unterschied machten: Rein zufällig hörte jemand von unserer Idee, der uns in Kontakt zu einem potenziellen weiteren Mitgründer brachte, von dem er ebenso zufällig vor einiger Zeit erfahren hatte, dass er auf der Suche nach neuen Projekten war, bevorzugt KI. Dieser potenzielle Mitgründer hatte bereits ein Unternehmen gegründet. Das brachte den Durchbruch. Schnell fanden wir zueinander und hatten nun das notwendige Know-how direkt im Team. Endlich nahm unsere Idee Fahrt auf. Nachdem er einen weiteren Kollegen von ihm ins Boot geholt und wir die Idee immer wieder diskutiert hatten, bewarben wir uns schließlich selbst auf EXIST, konnten unsere Jobs verlassen und uns vollständig auf den Aufbau unseres Unternehmens konzentrieren. Aber viele Male war unser Vorhaben in dieser Zeit von Abbruch bedroht, und es war eine Mischung aus Glück und Sturheit, dass nichts unser Leben so veränderte, dass wir unseren Plan fallenlassen mussten. Unsere Unwissenheit hätten wir womöglich niemals ausreichend selbst ausgleichen können.

Diese Sturheit, oder besser diesen Durchhaltewillen, habe ich auch bei etlichen anderen Gründern beobachtet, mit denen ich später zusammengearbeitet habe. Sie ist sicherlich eine nützliche Eigenschaft für eine Unternehmensgründung, aber dass sie bereits notwendig ist, bevor man überhaupt losgelegt hat, ist erstaunlich. Stattdessen sollten gerade die Gründerinnen aus der Wissenschaft bei Gründungen unterstützt werden, genauso wie Forschende, die ein Patent anmelden und verkaufen möchten. Und diese Unterstützung muss pro-aktiv zu ihnen kommen, statt dass man sie mühsam suchen muss. Zumal in den meisten Fällen der Gedanke an eine Verwertung so abstrakt erscheint, dass viele Personen gar nicht erst auf die Idee kommen, dass das für sie eine Option sein könnte.

Die vielen Unterstützungsprogramme, die es für Unternehmensgründungen inzwischen gibt, auch an den Universitäten, können dabei einen wichtigen Unterschied machen. Einige Universitäten sind inzwischen in der Start-up-Unterstützung gut aufgestellt. Sie haben Rückendeckung von der Universitätsleitung und durch private Sponsoren die Möglichkeit, kompetitive Gehälter zu zahlen und hochwertige Angebote zu machen. Diese Unterstützung ist für die Erstgründer, also Personen, die zum ersten Mal ein Unternehmen gründen, häufig entscheidend. Die meisten Gründerinnen aus der Forschung sind solche Erstgründer. Immer wieder erzählen sie mir, dass sie es ohne die Unterstützung solcher Strukturen niemals geschafft hätten. Aber der Großteil der Universitäten und Forschungseinrichtungen ist noch nicht professionell genug und ebenso wie die Transferstellen finanziell minimalistisch ausgestattet.

4.5 Wirtschaft und Wissenschaft sind sich fremd

Für eine gute Unterstützung der Forschenden bei der Verwertung wäre es dringend notwendig, auch gutes Personal aus der Wirtschaft für diese Aufgabe zu begeistern. Aber gerade die sind, falls sie nicht zufällig einen persönlichen Grund haben, kaum für diese Arbeit zu gewinnen. Und das gilt nicht nur für das Transferpersonal. Insgesamt sind an Universitäten und Forschungseinrichtungen Personen, die Erfahrung in der Wirtschaft gesammelt haben, selten. Es scheint, als wären in Deutschland die Sphären Wissenschaft und Wirtschaft gegensätzliche Pole eines Magneten, die sich abstoßen. Die Wirtschaft nimmt die Wissenschaft nicht ernst und der Wissenschaft ist die kommerzielle Verwertung nicht geheuer.

Ich war einmal Teil einer Podiumsdiskussion mit zwei namhaften Professoren mit sozialwissenschaftlichem und technischem Hintergrund. Im Laufe des Gesprächs auf der Bühne sagte der eine zu mir: «Wirtschaft, damit will ich nichts zu tun haben. Die Unternehmen wollen doch alle nur Geld scheffeln.» Er sprach sehr engagiert und machte einen Gesichtsausdruck, als wäre er gerade in Hundekot getreten. Diese Äußerung hat sich mir eingebrannt. Natürlich war es eine einzelne Stimme, aber das Wertegerüst, das sich darin spiegelt, begegnet einem in der akademischen Welt durchaus regelmäßig. Wirtschaftliches Handeln hat dort einen schlechten Ruf, als würde man sich versündigen, sobald man einen Fuß in diese Welt setzt. Die Anrüchigkeit der Wirtschaft in Teilen der akademischen Welt ist verblüffend. Schließlich sind es nicht zuletzt die Steuereinnahmen durch die Wirtschaft, mit denen Professuren und Forschung finanziert werden können. Ob nun ein Unternehmen einen Teil seines Umsatzes in die eigene Forschung investiert oder der Staat die ihm zur Verfügung stehenden Steuergelder in die öffentliche Forschung lenkt: Den Ursprung hat das Geld im wirtschaftlichen Handeln.

Um mit Vorurteilen aufzuräumen und voneinander zu profitieren, wäre gegenseitiges Verständnis wertvoll. Doch viel zu wenige Beschäftigte kennen beide Welten. Berufliche Wechsel zwischen der Wissenschaft und Unternehmen sind rar. Vor allem die akademische Karriere kann stark darunter leiden, wenn man sich für eine Weile in der Wirtschaft bewegt. Eine Pause vom wissenschaftlichen Betrieb, ein paar Jahre ohne Publikationen, das ist oftmals der Todesstoß für die akademische Karriere. Und versuchen Sie mal, sich die Erfahrungen, die Sie bei einem Unternehmen gemacht haben, für Ihren Gehaltstarif in der Wissenschaft anrechnen zu lassen. Ich kenne kaum Fälle, in denen das geglückt ist. In der Beamtenlaufbahn wird es besonders wenig honoriert, wenn man das System verlässt. Im schlimmsten Fall können Pensionsansprüche und andere Leistungen verfallen. In anderen Ländern sind Wechsel oder auch gleichzeitige Tätigkeit in Wissenschaft und Wirtschaft deutlich gängiger. In Deutschland steht eine Wissenschaftlerin, die auch für ein Unternehmen tätig ist, schnell unter dem Verdacht der Vorteilnahme.

4.6 Forschungskooperationen sinken

Auch wenn die meisten Wissenschaftskollegen, die ich traf, eher wenig Berührung mit Unternehmen hatten, gab es doch in der angewandten Forschung auch immer wieder Momente der Zusammenarbeit mit der Wirtschaft, und zwar in gemeinschaftlicher Forschung. Die Klassiker sind die Forschung in einem gemeinsamen Förderprojekt, die sogenannte «Konsortialforschung», oder in einer bezahlten Auftragsforschung. Beides sind wichtige Kanäle, um Erfindungen in die Anwendung zu überführen, weshalb fast alle staatlichen Stellen Förderprogramme anbieten, um solche Kooperationen anzuregen. Von der Bundesförderung über die Angebote einzelner Bundesländer bis hin zur Europäischen Union gibt es Angebote, in denen Unternehmen und Forschungsstellen gemeinsam aktiv werden sollen.

In der Konsortialforschung bewerben sich Unternehmen und wissenschaftliche Stellen gemeinsam auf eine öffentliche Förderung, um in einem fest definierten Zeitraum gemeinsam an einer Forschungsfrage zu arbeiten, meist zu einer konkreten Herausforderung des beteiligten Unternehmens.

Im Falle einer erfolgreichen Bewerbung eines Konsortiums können die beteiligten Partner ihre Kosten für Personal oder auch Sachkosten geltend machen und werden nach einem bestimmten Schlüssel bezuschusst. Die Quote der finanziellen Unterstützung ist von Programm zu Programm verschieden. Für die Forschungseinrichtungen ist sie standardmäßig höher (80 bis 100 Prozent) als für die Unternehmen (um die 50 Prozent).

Bei der Auftragsforschung hingegen beauftragt ein Unternehmen ein Forschungszentrum direkt mit der Bearbeitung einer Forschungsfrage, die für das Unternehmen relevant ist.

Finanziell sind beide Wege für die Forschungszentren und Hochschulen attraktiv. Vor allem an der Auftragsforschung gibt es großes Interesse, ist dies doch ein Dienstleistungsvertrag und von den administrativen Hürden eines öffentlich geförderten Projektes befreit.

Beiden Wegen ist gemein, dass von Beginn an Wissenschaft und Unternehmen gemeinsam agieren. Das heißt, es wird nicht eine Erfindung getätigt und im Nachhinein ein Abnehmer dafür gesucht, sondern die Erfindung entsteht sozusagen direkt in Kooperation mit dem Abnehmer. Ein lohnender Ansatz, schließlich wird direkt am Bedarf der Anwender geforscht und kein losgelöstes Ergebnis produziert, für das man dann erst mühsam einen Interessenten suchen muss.

Beide Kooperationsformen haben eine lange Tradition in Deutschland. Doch die aktuelle Situation sieht nicht gut aus. Der Anteil von Innovationskooperationen zwischen Forschung und Unternehmen stagniert seit Jahren und sinkt sogar. Während der Anteil der Unternehmen, die mit Universitäten und Hochschulen zusammenarbeiten, seit 2008 konstant bei etwa 10 Prozent liegt, schwankt der Anteil der Unternehmen, die mit den außeruniversitären Forschungszentren kooperieren, zwischen sechs und vier Prozent. Tendenz fallend.[3] Das ist besonders vor dem Hintergrund steigender staatlicher Bemühungen, die Zusammenarbeit zu fördern, erstaunlich.

Auch in meiner wissenschaftlichen Karriere gab es einige sehr spannende Projekte zusammen mit Unternehmen. Aber wie die Nutzung der Ergebnisse aus den Projekten mit den Unternehmen dann funktionierte, wusste keiner so genau. Einmal hieß es, die Unternehmen «machen ihr Ding in den Projekten und wir machen halt unseres». Ein anderes Mal gab es große Schwierigkeiten, weil ein beteiligtes Unternehmen nicht wollte, dass Ergebnisse publiziert werden, die in ihr Produkt einfließen sollten. Obwohl die Ergebnisse einen Erfolg darstellten, war es eine Patt-Situation: Das Unternehmen erhoffte sich einen Vorteil aus der Technologie. Für sie war es ein Geschäftsgeheimnis. Aber die Forscher wollten ihre Ergebnisse publizieren. Hier knallen die Anreizstrukturen zweier sehr verschiedener Systeme aneinander. Während die Unternehmen investieren, um ihre Produkte oder ihre Abläufe zu verbessern und sich somit einen Vorteil vor der Konkurrenz zu verschaffen, sind die Forschenden durch die Notwendigkeit zu veröffentlichen motiviert. Zwei Jahre oder mehr in einem Projekt zu forschen und dann die Ergebnisse nicht zu publizieren ist wissenschaftlicher Selbstmord.

Einen ähnlichen Konflikt gibt es bei Patentanmeldungen. Um ein Patent anzumelden, muss dieses eine gewisse «Neuheit» nachweisen. Das ist einleuchtend, das Wirkprinzip, das man patentieren möchte, sollte nicht schon allgemein bekannt sein. Aber dieses Vorgehen widerspricht einer Veröffentlichung der Ergebnisse in wissenschaftlichen Kreisen. Wenn eine Universität entscheidet, dass sie eine Erfindung patentieren will, gerät sie daher manchmal in Konflikt mit den beteiligten Forschenden, die ihre Ergebnisse publizieren müssen, und das am liebsten so schnell wie möglich, bevor jemand anderes neuere Ergebnisse produziert. Eine Patentanmeldung dauert ihre Zeit. Die wirtschaftliche Verwertung von wissenschaftlichen Ergebnissen steht damit rein strukturell im Widerspruch zum wissenschaftlichen Arbeiten.

5
Wir bremsen technische Innovationen aus

Der im letzten Kapitel beschriebene Riss durch die Innovationskette sorgt dafür, dass uns relevante Erfindungen und Innovationen entgehen, aber die Missstände im Transfer von Forschungsergebnissen sind nicht der einzige Grund für eine schwächer werdende Innovationsleistung in Deutschland. Auch in den etablierten Unternehmen nimmt die Innovationskraft ab. Wie Untersuchungen der Innovationsbereitschaft des deutschen Mittelstands zeigen, geben immer mehr Unternehmen steigende Hemmnisse für ihre Investitionen an, die dazu führen, dass sie sich gar nicht erst entscheiden, Innovationsprojekte durchzuführen, sie sich verzögern oder sogar abgebrochen werden müssen.[1] Darüber hinaus fällt es neuen Unternehmen mit innovativen Geschäftsmodellen schwer, zu wachsen und eine kritische Größe zu erreichen. Die folgenden Unterkapitel beschreiben einige der aus meiner Sicht entscheidendsten Gründe für fehlende Innovationskraft in den etablierten Unternehmen und Start-ups.

5.1 Innovative Start-ups skalieren zu selten

«Ich bin vollkommen fertig, seit sechs Monaten bin ich jetzt im Fundraising», erzählt ein Gründer auf einem Event. Er sieht müde aus, hat tiefe Augenringe, als hätte er seit einem Jahr nachts einen Säugling zu versorgen. «Und das Schlimmste ist: Es gibt noch gar kein Ergebnis. Ich hatte so viele Gespräche, mir schwirrt der Kopf. Aber bis jetzt hat keiner weiteres Interesse gezeigt.»

Alle nicken betroffen. Das Gefühl ist gut bekannt. Einer klopft dem jungen Vater voller Mitleid auf die Schulter. «Wem sagst du das? Die deutschen Investoren sind so zögerlich, alles dauert ewig. Pass auf, dass du dabei nicht verloren gehst. Wenn du keine Kraft mehr hast, nützt das deinem Unternehmen gar nichts.» Eine Gründerin fragt: «Hast du schon mit Investoren aus dem Ausland gesprochen? Kontaktiere doch mal Investoren aus UK, oder besser noch direkt mit den Amerikanern. Das geht alles viel schneller.» Sofort stimmen alle begeistert zu: «Genau! Ein befreundetes Gründerteam von mir hat letztens innerhalb von zwei Wochen nach dem Kennenlernen ein Angebot aus Amerika auf dem Tisch gehabt. Die Deutschen hatten sich da noch nicht mal zurückgemeldet», ergänzt der Schulterklopfer. «Und die Konditionen! Kein Vergleich! Die Bewertung war fast doppelt so hoch.»

Dieses und ähnliche Gespräche habe ich im Start-up-Kontext hundertfach gehört. Finanzierung ist eines der Hauptthemen bei jungen Unternehmen. Das ist kein Wunder, schließlich definiert sich das klassische Start-up über die Finanzierungsart «Venture Capital», also Wagniskapital (VC). Bankkredite sind in der Regel schwer zu bekommen, da die Unternehmen noch keine Sicherheiten vorweisen können, und nur sehr wenige Gründer verfügen privat über die notwendige Summe, ihr Start-up selbst zu finanzieren. Da Start-ups zum Beginn in der Regel noch nicht mal über ein fertiges Produkt verfügen, haben sie auch noch keinen Umsatz. Sie müssen ihren Product-Market-Fit, also das Produkt, das der Markt braucht, erst noch finden. Genau auf diese Art von Unternehmen haben sich die VCs spezialisiert. Sie investieren auch dann, wenn Banken das Risiko zu hoch ist. Im Gegenzug für das zur Verfügung gestellte Geld bekommen sie statt Zinsen Anteile am Unternehmen. Damit gehen sie eine Wette ein auf den zukünftigen Erfolg des Unternehmens. Steigt der Wert des Unternehmens, steigt auch der Wert der Anteile und damit die Rendite. Wichtig für die Entscheidung eines VCs ist daher, wie wahrscheinlich das Unternehmen schnell und erfolgreich wachsen wird. Im Optimalfall wird das Start-up so erfolgreich, dass es entweder für eine hohe Summe verkauft wird oder sogar einen Börsengang macht. Dann werden die Anteilseigner ausgezahlt und der Einsatz des VCs hat sich vielfach ausgezahlt. In den allermeisten Fällen gelingt das jedoch nicht, denn die Mehrzahl der Start-ups sind eben nicht so erfolgreich. Aber wenn ein VC genug vielversprechende Investments macht, ist die Chance, dass ein bis zwei Unternehmen dabei sind, die genug erwirtschaften, hoch genug, und das Geschäftsmodell lohnt sich.

Das bedeutet für die Start-ups im Umkehrschluss natürlich, dass sie den Wachstumskurs der Investoren auch bedienen müssen. Der prototypische VC-Finanzierungsverlauf ist in sogenannte «Finanzierungsrunden» aufgeteilt, die mit kleinen Summen beginnen und dann mit dem Wachstumskurs weiter ansteigen. Die Finanzierungsrunden sind dabei so ritualisiert, dass sie sogar Namen haben: Vor der Gründung spricht man von der «Pre-Seed»-Finanzierung, die einen Betrag zwischen 100 000 und etwa 1 Million Euro bedeutet. In der folgenden Seed-Finanzierung geht es in der Regel um etwa 1 Million bis 5 Millionen Euro. Danach folgen weitere Finanzierungsrunden, die, angelehnt an das Alphabet, Series-A-Finanzierung, Series-B-Finanzierung, Series-C-Finanzierung und so weiter heißen. Die Summe, die von den VCs zur Verfügung gestellt wird, steigt stetig an und geht schnell in die Millionen. Die konkreten Beträge sind aber flexibel und abhängig von der Branche, von Technologiebereichen und natürlich der Frage, wie das Unternehmen de facto zu dem Zeitpunkt aufgestellt ist. Aber grundsätzlich gilt: Jede Finanzierung löst einen weiteren Wachstumsschritt mit konkreten Wachstumszielen aus, für die das Geld vorgesehen ist. Ist das Wachstumsziel erreicht, hat man Chancen auf die nächste Finanzierung.

Dabei soll das Geld nicht möglichst gestreckt werden, sondern mutig in Mitarbeiter und Infrastruktur investiert werden, damit das Ziel erreicht werden kann. Als Gründerin eines Unternehmens weiß man daher immer genau, bis wann das Geld noch reicht. Zeichnet sich das Ende der Finanzierung ab, und die Wachstumsziele sind noch in weiter Ferne, wird es unangenehm. Eine befreundete Gründerin drückte es einmal so aus: «Ich weiß, dass ich noch bis zum Ende des Jahres Geld habe, um meine Leute zu bezahlen, aber es ist unsicher, ob ich die Umsatzziele erreiche, die ich brauche, um die nächste Finanzierungsrunde einzuwerben. Das ist, als würde ich mit einem ICE in Höchstgeschwindigkeit auf einen Abhang zurasen und hoffen, dass sich früh genug eine Brücke materialisiert.» Abgesehen davon, dass Gründer natürlich deutlich mehr tun als hoffen und beten, um die Ziele zu erreichen, vermittelt das Bild einen guten Eindruck der Gefühle, die der Prozess auslösen kann.

Dass es nicht gelingt, die Wachstumsziele zu erreichen, ist nicht unüblich, gerade bei Start-ups mit einer anspruchsvollen Technologie. Die Gründer arbeiten gleichzeitig daran, die Technologie zu finalisieren und einen Product-Market-Fit zu finden. In der Zeit generieren sie aber kaum Umsatz. Eventuell können sie ein paar bezahlte Pilotprojekte durchführen, aber das reicht in der Regel nicht weit. Start-ups, die nach der ersten Finanzierung in dieser Phase feststecken, finden häufig keine neuen Geldgeber, und die technische Idee läuft aufgrund von Geldmangel ins Leere. Diese Phase wird oft «Valley of Death» genannt.

Für den Erfolg der Start-ups eines Landes ist es also von großer Bedeutung, dass genug Wagniskapital für alle Wachstumsstufen verfügbar ist. In dieser Hinsicht hat sich in den letzten Jahren in Deutschland viel bewegt. Gerade für die frühen Unternehmensphasen, also die Pre-Seed- und Seed-Investments, gibt es inzwischen ein kompetitives Angebot von Wagniskapital auf dem deutschen Markt. Doch je höher die Summen werden, desto schwieriger ist es, in Deutschland eine passende Finanzierung zu finden. Viele Gründerteams entscheiden sich früher oder später dafür, Finanzierung aus dem Ausland anzunehmen. Ab Series B, spätestens Series C, ist es immer noch deutlich einfacher, Investoren aus Großbritannien oder vor allem aus den USA zu überzeugen. Gleichzeitig reduzieren sich proportional die Anteile der Bestandsinvestoren durch einen Effekt, der «Verwässerung» genannt wird und aus dem Aktienmarkt bekannt ist. In neuen Finanzierungsrunden werden nicht die existierenden Anteile neu verteilt, sondern neue Anteile geschaffen. Dadurch, dass nun die Gesamtzahl der Anteile steigt, sinkt die Beteiligung, die ein VC davor hatte, relativ gesehen ab.* Wenn ich neun von zehn Anteilen halte, ist das deutlich mehr, als wenn ich neun von zwanzig Anteilen besitze. Investoren, die zu einem späteren Zeitpunkt, in der Regel mit deutlich mehr Geld, in ein Unternehmen einsteigen, halten damit meist auch größere Stücke des Gesamtkuchens und haben mehr Mitspracherecht über die weitere Entwicklung des Unternehmers. Ein Nachteil ist, dass diese ausländischen Investoren – nicht immer, aber doch häufig – fordern, dass das Start-up seinen Hauptsitz in das Land des Investors verlegt. Damit ist ein weiteres vielversprechendes innovatives Unternehmen abgewandert und kann seine volkswirtschaftliche Kraft nicht mehr im Ursprungsland, zum Beispiel Deutschland, entfalten.

5.2 Innovative Start-ups finden keine Kunden

Für das Wachstum eines Start-ups ist Kapital eine entscheidende Rahmenbedingung. Aber auch noch weitere Faktoren spielen eine große Rolle. So ist es auch entscheidend, dass die Unternehmen mit der etablierten Wirtschaft Kooperationen eingehen und genug Kunden gewinnen können. Mit großem Abstand sind die in Deutschland gegründeten Technologie-Start-ups B2B-Unternehmen, also Business-to-Business-Unternehmen. Sie verkaufen ihre Produkte und Leistungen an

* Das Absinken des eigenen Anteils an der Gesamtmenge der Anteile bedeutet aber nicht, dass der eigene Teil an Wert verliert. Im Gegenteil steigt der Wert des Unternehmens durch neues Kapital in der Regel an und wirkt sich damit auch auf den eigenen Anteil positiv aus.

andere Unternehmen und nicht an die Endverbraucher, die Konsumenten. Es macht also einen wesentlichen Unterschied, ob die etablierten Unternehmen offen für die innovativen Angebote der Start-ups sind oder nicht.

Ein Start-up-Gründer, mit dem ich zusammengearbeitet habe, erzählte mir, wie er sich mehr als ein Jahr für eine Zusammenarbeit mit einem großen deutschen Konzern ins Zeug gelegt hatte. Eine technische Abteilung konnte sich vorstellen, die Technologie seines Start-ups zu integrieren und an die Kunden gemeinsam auszuliefern. Eine Riesenchance! Immer wieder fuhr er hin und erklärte das Produkt. Er füllte fast hundert Seiten Formulare aus. Es gab ungezählte Videocalls und Anrufe. Schließlich, nach etlichen Monaten Zeitinvestition, kam die Absage: Man könne leider nicht mit einem so jungen Unternehmen zusammenarbeiten. Es gäbe ja keine Garantie, dass das Unternehmen in einem oder zwei Jahren noch existiere. Das ist so ein Moment, in dem man als Gründerin sehr viel Kraft aufbringen muss, um nicht alles hinzuschmeißen. Frustriert sagte er: «Was ist das denn für eine Frage, ob es uns noch geben wird? Wenn ich den Deal gewonnen hätte, hätte es uns auf jeden Fall noch gegeben. Jetzt bin ich da nicht mehr so sicher.»

Ein anderes Start-up versuchte, eine Maintenance-Lösung an die deutsche Industrie zu verkaufen, in diesem speziellen Fall ein Messinstrument mit einer KI-Software, die Geräte auf ihren Zustand hin überprüft und warnt, wenn es zu Defekten kommt. Mehrere große Unternehmen waren interessiert, aber nach einigen Monaten stellte sich heraus: Die Anbringung des Messinstruments, eigentlich eine Angelegenheit von weniger als einer Stunde, ist regulatorisch und von der Planung des Zeitfensters für die Unternehmen so komplex, dass es Jahre dauern würde. Dann wären allerdings die Anlagen schon wieder veraltet und die nächste Generation bereits im Einsatz.

Noch schwieriger gestaltet sich für die jungen Unternehmen allerdings die Zusammenarbeit mit den deutschen KMUs. Hier scheitert es nicht an Regulierung und Langsamkeit, sondern vor allem an Zeitmangel, Überlebensdruck oder fehlenden Ressourcen. Viele KMUs sind mit dem täglichen Überleben so ausgelastet, dass sie kaum ein offenes Ohr für die Innovationen der Start-ups haben. Die häufigste Antwort ist hier eher ein freundliches: «Das klingt spannend, und ich könnte es gut gebrauchen, aber leider schaffe ich es gerade nicht.» Es ist entweder nicht genug auf der hohen Kante, um zu investieren, oder es gibt andere dringendere Projekte und nicht genug Personal, alles gleichzeitig zu bedienen. Kommt es dann doch zu einem Kontakt, ist Vorwissen zu den Technologien nicht vorhanden und die Start-ups müssen ihren potenziellen Kunden erst einmal die Basics vermitteln. Ich habe einmal versucht, einen größeren Mittelständler aus dem Energiesektor für unsere Chatbots zu gewinnen. Es gab mehrere Treffen mit immer neuen Mitarbeitern des Unternehmens, die alle die gleichen Fragen stellten. Dabei ging es nur wenig um unser tatsächliches Angebot. Stattdessen interessierte die Mitarbeiter, was KI eigentlich genau ist und ob das nicht gefährlich ist. Nach fünf Treffen, die alle vergleichbar verliefen, gab ich frustriert auf. Ähnliches höre ich von anderen Gründerinnen: Kaum jemand hat Entscheidungskompetenz, Gründer werden beim Kunden herumgereicht wie ein Show Pony, aber sie kommen nie zu der einen Person durch, die entscheiden kann. Und wenn eine Abteilung überzeugt ist, schmettert der Einkauf die Zusammenarbeit ab.

Viele Start-ups, die ich kenne, sind zwar deutsche Unternehmen, haben auch Mitarbeitende hier, aber akquirieren ihre

Kunden inzwischen komplett aus dem Ausland, aus anderen europäischen Ländern, aber auch aus den USA. Ein Gründer erzählte mir, dass er ein Jahr brauchte, um einen Projektvertrag mit einer deutschen Rundfunkanstalt auszuhandeln. Ein ähnliches Projekt mit dem französischen Pendant hingegen konnte nach nur zwei Wochen starten. Die Start-ups treffen im Ausland auf eine viel größere Offenheit gegenüber jungen Unternehmen mit bisher unbekannten technischen Lösungen, bis hin zu einem, wie eine befreundete Gründerin sagt, «Willen zu unterstützen».

Und dann gibt es noch die KMUs, die sich durch Start-ups bedroht fühlen. Die provokativ formulierte These «Move fast and break things», wie sie Mark Zuckerberg einst publikumswirksam als Motto für Facebook ausrief, hat sicherlich das Ihrige dazu beigetragen. Zusammen mit dem disruptiven Charakter mancher Technologiesprünge entsteht so die Angst, dass Start-ups nur daran interessiert seien, Geschäftsmodelle zu zerstören. Auf einer Podiumsdiskussion wurde ich einmal von einer KMU-Inhaberin und Geschäftsführerin attackiert: Sie habe noch nie verstanden, warum man mit Start-ups zusammenarbeiten sollte. Die Start-ups wären überhaupt nicht innovativer als die Mittelständler selbst. Stattdessen wollten sie nur ihre Daten klauen. Da wäre man ja schön bescheuert, sich denen freiwillig an den Hals zu schmeißen. Das Thema der Podiumsdiskussion war eigentlich die Nutzung von KI durch KMU. Ob sie selbst KI einsetzte, wurde im Laufe der Veranstaltung nicht beantwortet.

Selbst mit der Gründung eines Start-ups ist der Innovationsweg also noch lange nicht geschafft. Es mangelt sowohl an Finanzierung als auch an Kunden in Deutschland. Etablierte Unternehmen kaufen zu selten innovative Leistungen von einem

Start-up und noch viel seltener das ganze Start-up selbst. Denn auch das ist ein wichtiger Innovationstreiber: der Zukauf von jungen, innovativen Unternehmen. Aus der Sicht der Start-ups ist der sogenannte «Exit», der Verkauf des Unternehmens, ein klassisches Ziel und einer der bevorzugten Pfade der Wagniskapitalgeber, die ja ihre Rendite erwirtschaften müssen. Doch auch hier gilt ebenso wie bei den größeren Finanzierungsrunden: Häufig gehen die Exits ins Ausland. Ausländische Firmen kaufen Deutschland so innovative Technologien weg, im ungünstigsten Fall sogar solche Technologien, die die Volkswirtschaft zuvor mithilfe von Steuergeldern in Forschungsprogrammen, Gründerprogrammen oder anderer Innovationsförderung hervorgebracht hat.

5.3 Innovationen fehlt das Personal

Mit der Lösung meines Start-ups war ich viel bei KMU, um mit ihnen über unser Produkt zu sprechen. Häufig waren die Abteilungsleitung des Kundenservice und ein Innovationsbeauftragter oder Chief of Innovation anwesend. An sich eine gute Kombination. Doch einige dieser Treffen gingen schon damals so aus, dass die Leiterin der Kundenserviceabteilung sagte: «Und wer soll das Projekt durchführen? Ich habe niemanden, der das kennt und verstehen könnte. Mal abgesehen davon, dass ich eh kaum weiß, wie ich die Schichten gefüllt bekomme.»

Ebenso wie bei jeder neuen Software braucht man auch für die Einführung einer KI-Lösung ein dediziertes Projekt. Teil unserer Onboarding-Projekte war ein Datentraining. Und dieses Datentraining war regelmäßig eine Abbruchkante. Um das Training durchzuführen, musste man zwar nicht die Details unserer verwendeten Technologie verstehen, aber ein paar Grundlagen brauchte man schon. Beachtete man sie nicht, war die Qualität des Systems gemindert. Aber es gab im gesamten Unternehmen oft niemanden, der hätte geschult werden können, und neue Mitarbeiterinnen einzustellen, war schwer: Die Kunden wussten nicht, welche Ausbildung sie suchten, geschweige denn, welche einzelnen Qualifikationen. Kam es doch einmal dazu, dass eine Stelle ausgeschrieben wurde, bewarb sich niemand, denn der Markt war damals genau wie heute leer. So kam es teilweise selbst mit unserer Unterstützung wegen Personalmangels nicht zu einem erfolgreichen Projekt.

Diese Lage hat sich kaum gebessert. Fragt man die deutschen Unternehmen nach den schlimmsten Innovationshemmnissen, sind fehlende Fachkräfte ein Dauerbrenner.[2] Die demografische Entwicklung Deutschlands führt zu einem Mangel an Arbeitskräften, der sich in den nächsten Jahren noch vergrößern wird, wenn auch die letzten Jahrgänge der geburtenstarken Babyboomer in Ruhestand gehen.

Noch dazu steckt ein viel zu großer Anteil unserer verbleibenden Arbeitnehmer in den «alten» Branchen, die aktuell eine nachlassende Dynamik aufweisen. Die Produktivität dieser Menschen ist damit für die Volkswirtschaft weniger nützlich, als wenn sie in dynamischen, wachsenden Branchen eingesetzt würden. Der Mangel an Arbeitskräften mit entsprechender Qualifikation führt zu hohen Personalkosten. Eine besondere Herausforderung ist, dass das Set an Qualifikationen, das für neue Technologien und digitale Berufsfelder notwendig ist, sich von früheren grundlegend unterscheidet.

Hier ist ein effizientes Aus- und Weiterbildungssystem gefragt. Es geht nicht nur darum, akuten Bedarf zu stillen, sondern auch mittelfristig die richtigen Inhalte für Ausbildungen zu antizipieren und bereitzuhalten. Eine hundertprozentige Vorhersage, welche Technologien sich zu welchem Zeitpunkt durchsetzen werden, ist aber unmöglich. Eine Flexibilisierung und Modularisierung der Ausbildung wird daher in Zukunft immer relevanter und vermutlich unumgänglich werden.

5.4 Unternehmen in der Transformationsschuld

Vor nicht allzu langer Zeit war ich auf einer Veranstaltung mit Vertretern der deutschen Großunternehmen und großen KMU aus unterschiedlichen Branchen. Es wurde darüber diskutiert, wie die deutsche Wirtschaft die Entwicklung im KI-Bereich sieht, wie sie den Standort einschätzt und wo sie Handlungsbedarf sieht. Es gab durchaus unterschiedliche Stimmen zur Lage und den nächsten Schritten, aber die vorherrschende Meinung war: Es ist alles in Ordnung, wir brauchen nichts und wir planen auch keine Investitionen. Ich war sehr überrascht, wurde mir doch aus der Start-up-Szene ein ganz anderes Bild gespiegelt. Alle KI-Gründer, die ich frage, antworten mir, dass wir zu wenig Rechenkapazitäten in Deutschland haben, dass die neue Regulierung über ihnen schwebt wie ein Damoklesschwert und sie nicht genug Leute finden. Aber hier sollte alles in Ordnung sein?

Einige Monate später verkündete Trump zusammen mit Sam Altman, dem Gründer von OpenAI, dem Unternehmen hinter ChatGPT, eine Investition von 500 Milliarden in KI-Rechenzentren in den USA. Die Mittel sollen aus privaten Quellen kommen, unter anderem vom japanischen Investor Softbank. Die Ankündigung war ein Schock und löste ein weltweites Beben aus. Eine Woche später konterte China mit einer neuen Version des KI-Modells DeepSeek, das nach Angaben des Herstellerunternehmens deutlich weniger Ressourcen fürs Training brauchte als alle bisherigen Modelle und dabei auch noch sehr gute Ergebnisse produziert. In den beiden Supermächten der Welt tut sich also eine ganze Menge im Bereich KI, aber in Deutschland war der Großteil der Personen in der Runde der Meinung, es bräuchte nichts weiter, keine Investitionen, keine Probleme, alles gut.

Ich fühlte mich an das bekannte «Innovators Dilemma» erinnert. Die Theorie des amerikanischen Volkswirts Clayton Christensen, veröffentlicht in seinem gleichnamigen Buch 1997, ist das Leitmotiv des Silicon Valley. Sie beschreibt die Dynamik, dass etablierte Unternehmen aufgrund ihrer Kundenzentriertheit vor allem ihre bereits existierenden Produkte weiter perfektionieren und dabei grundlegende, neu aufkommende Technologien übersehen. So verpassen sie es, rechtzeitig in umwälzende Innovationen zu investieren. In ihrem Schatten wachsen Jungunternehmen heran, die die neuen Technologien nutzen und irgendwann so erfolgreich sind, dass sie die «Platzhirsche» vom Markt verdrängen. Eine Erneuerung des Marktes ganz im Schumpeterschen Sinne.

Kommt man aus der Software-Entwicklung, ist ständige Erneuerung gut bekannt. Programmiersprachen, Paradigmen und neue digitale Möglichkeiten entwickeln sich so schnell, dass man als Anbieter einer Software eigentlich wöchentlich ein Update veröffentlichen könnte. «Refactoring» nennt sich dieser Prozess. Refactoring verbessert nicht zwingend das finale Produkt. Aber Softwarestücke veralten automatisch, und im schlechtesten Fall funktioniert das Produkt irgendwann nicht mehr, weil eine Komponente nicht mehr unterstützt wird. Häufig tritt auch der Fall ein, dass ein neues Produktfeature mit den verwendeten alten Technologien gar nicht implementiert werden kann. Das Refactoring ist also keine klassische Weiterentwicklung des Produktes, sondern eine technische Instandhaltungsmaßnahme, die Geld kostet, aber keinen Umsatz generiert.

Anbieter von Software müssen sich täglich mit der quälenden Frage beschäftigen, wie viel Refactoring sie sich leisten wollen. Häufig wird die Überarbeitung dann auf später verschoben. In der Softwareentwicklung gibt es daher einen Begriff, der bezeichnet, wie viel «schlechte» Technologie sich in einem System verbirgt: die «technische Schuld». Die technische Schuld kann auch dadurch entstehen, dass Entwickler ganz schnell eine Lösung implementieren müssen und keine Zeit für eine wirklich stabile, saubere Variante bleibt. Dann wird schnell etwas programmiert, das man «später mal verbessern wird».

Christensens Theorie bezieht sich explizit auf disruptive Innovationen, aber mit jeder relevanten Technologie, die Unternehmen nicht ernst nehmen, nicht wahrhaben wollen, übersehen oder fälschlicherweise als irrelevant bewerten, häufen sie auch eine Schuld an: eine Tranformationsschuld. Und je höher die Schuld wird, desto schwerer ist es, ihr zu begegnen. Viele Unternehmen müssten erst einmal ihren digitalen Rückstand aufholen, bevor sie sinnvoll mit Künstlicher Intelligenz arbeiten können, die digitale Daten und Prozesse voraussetzt. Die deutsche Automobilbranche zum Beispiel hat den Wandel vom klassischen Auto zum Softwaredevice viel zu lange ignoriert und kämpft nun verzweifelt darum, nicht ins Hintertreffen zu geraten, während Konkurrenten schon zum autonom gesteuerten Auto übergehen. Dabei gab es Forschung und auch Entwicklung zum autonomen Fahren in Deutschland, lange bevor man anderswo diesen Ansatz verfolgte. Die Unternehmen, die digitale Transformationen bereits erfolgreich durchlaufen haben oder von Beginn an digital ausgerichtet waren, sind nun im Vorteil.

Jeder neuen Technologie stehen Beharrungskräfte des alten Pendants entgegen. Wieso sollte jemand, der mit dem Verbrennungsmotor sein Geld verdient, besonders interessiert daran sein, die vorherrschende Technologie abzulösen, auf die alles ausgerichtet ist? Hersteller, Zulieferer, Werkstätten, Handel, ein ganzes System? Selbst die Arbeitnehmerverbände haben daran kein Interesse, schließlich vertreten sie Angestellte, die eventuell von der Arbeitslosigkeit bedroht wären, wenn ihre Kompetenz nicht mehr benötigt wird. Aber diese Betrachtung greift zu kurz. Denn wenn sich technologischer Wandel abzeichnet und ignoriert wird, ist es nur eine Frage der Zeit, bis die Konkurrenz vorbeizieht, und dann ist Arbeitslosigkeit ebenso die Folge, aber ohne Perspektive. Verschläft man als Unternehmen die Innovation, kann das in die Insolvenz führen. Natürlich ist die Entscheidung für eine neue Technologie ein Risiko. Aber was viele übersehen, ist, dass auch die Entscheidung gegen eine Technologie ein Risiko bedeutet.

Neben dem Problem des Innovators Dilemma gibt es eine Theorie, die die aktuelle Innovationsträgheit vieler europäischer Unternehmen mit den «Scheiterkosten» erklärt. Die Ökonomen und Unternehmensgründer Yann Coatanlem und Oliver Coste haben untersucht, wie viel ein gescheitertes Innovationsprojekt in verschiedenen Ländern der Welt kostet. Sie kamen zu dem Ergebnis, dass die Scheiterkosten nirgendwo so hoch sind wie in der EU.[3] Kombiniert mit der Statistik, dass von fünf Innovationsprojekten vielleicht nur eins erfolgreich ist, errechneten sie, dass Innovationsprojekte für Unternehmen in der EU Verluste bedeuten, während in anderen Ländern Gewinne zu verbuchen sind, selbst wenn vier von fünf Projekten scheitern. Die Hauptursache sehen die Autoren in den starken Arbeitnehmerschutzgesetzen, die es Unternehmen unmöglich machen, Personal aus erfolglosen Projekten schnell wieder abzustoßen. Eine Kehrtwende, wie sie Meta vom Metaverse zu Künstlicher Intelligenz absolvierte, wäre daher in der EU in so kurzer Zeit gar nicht möglich. Der Vorschlag der Autoren ist, die Arbeitnehmerschutzgesetze für die zehn Prozent der Beschäftigten aufzuheben, die über 60 000 Euro verdienen, da diese zehn Prozent der Arbeitnehmerinnen meist für Innovationsprojekte eingesetzt werden und nach einer Entlassung wenig Probleme haben sollten, einen neuen Job zu finden. Die Theorie der Scheiterkosten wird noch weiter zu analysieren sein, könnten sie doch ein deutliches Innovationshindernis darstellen. Ob die Lockerung des Arbeitnehmerschutzes aber der einzige Weg ist, diesem Problem zu begegnen, bleibt zu diskutieren. Schließlich liefert die Theorie noch keine Erklärung dafür, warum große, internationale Unternehmen ihre Innovationsprojekte nicht im Ausland durchführen und Entscheider zu oft der Meinung sind, nicht in Innovationen investieren zu müssen, bis sie von einer neuen Technologie überholt werden.

5.5 Behinderung durch Bürokratie

Ein weiterer Umstand wird immer wieder genannt: Es ist kompliziert. Das kennen wir wahrscheinlich alle aus persönlicher Anschauung. Ob es um eine Anmeldung bei der Krankenkasse, einen neuen Personalausweis, die Registrierung eines Autos oder die Ausstellung eines Zeugnisses geht. Die wenigsten Prozesse gehen leicht von der Hand. Wenn wir als Bürgerinnen mit dem Staat oder nachgelagerten Behörden interagieren, ist das oft mühsam und beschwerlich. Und Unternehmen stehen viel mit dem Staat im Austausch: Steuern, Handelsregister, Sozialversicherungen, tagtäglich gibt es Dinge zu erledigen. Noch dazu kommen Regulierungen, um die sich gekümmert werden muss. Vom Datenschutz bis zum Brandschutzhelfer sind Unternehmen in komplexen Prozessen gefordert. Dazu gibt es ausgiebige Dokumentations- und Notarspflichten. Immer wieder höre ich von Fällen, in denen ausländische Investoren völlig verblüfft sind, dass sie für ihre Beteiligung an einem deutschen Start-up extra anreisen müssen, damit ihnen jemand den Vertrag, den sie mit entwickelt haben, Wort für Wort vorliest. Sie lassen sich dann meist vertreten. Selbst der Umzug eines Unternehmens muss durch einen Notar beglaubigt werden.

Natürlich hat das auch Vorteile. Die deutsche Bürokratie bietet eine hohe Verlässlichkeit und Professionalität, die vor Willkür und Durcheinander schützt. Aber einzelne Prozesse brauchen dadurch sehr lange. Und digitale Optionen bestehen oft nicht. Gerade kleinere Unternehmen, Start-ups und Mittelständler hadern mit den bürokratischen Vorschriften. Das Reizwort «Bürokratie» entlockt selbst abgebrühtesten Firmenchefs Emotionsausbrüche. Die Politik reagiert seit einigen Jahren mit Initiativen, die bürokratischen Anforderungen zurückzufahren, aber die subjektive Belastung durch Regeln und Vorschriften steigt trotzdem mit jedem Jahr an.

In einer Studie des Instituts für Mittelstandsforschung IFM in Bonn wurde 2019 festgestellt, dass mehr als die Hälfte der Unternehmer in die Kategorie der von Bürokratie «Verdrossenen» zählen.[4] Sie geben an, dass Bürokratie ihr Geschäft massiv belastet. Erschwerend kommt hinzu, dass Politik und Unternehmen Bürokratie auch unterschiedlich definieren. Während für die Politik klassischerweise nur die Informationspflichten dazugehören, zählen die Unternehmen jegliche Vorschrift dazu, sei sie nun eine staatliche Informationspflicht, ein gesetzliches Gebot oder auch eine Regulierung durch eine Norm. Während aber die Informationspflichten seit Jahren schwach sinken,[5] steigt die Zahl anderer Verpflichtungen an. Schon allein, über alle Vorschriften Bescheid zu wissen, bündelt Ressourcen, geschweige denn, ihnen gerecht zu werden.

Während der Zeit meines eigenen Unternehmens wurde die Datenschutzgrundverordnung (DSGVO) erlassen. Wir waren ein junges Start-up mit gerade einmal zwölf Mitarbeitern, aber wir arbeiteten mit Kundenservicedaten, in denen Kunden alles Mögliche mitschickten, von ihren Adressen bis zur Kontoverbindung für Rückerstattungen. Es gab kein Entrinnen. Wir mussten die DSGVO komplett umsetzen. Zusammen mit Anwälten und Datenschutzbeauftragten entwickelten wir Prozesse und Verträge, die in unserer sonstigen Art zu arbeiten wirkten, als wäre ein UFO der Professionalität gelandet. Die Umsetzung der Richtlinien in Dokumente war so komplex, dass wir Gründer sie nicht delegieren konnten. Ich habe als Gründerin selbst viele Stunden meiner Zeit über mehr als anderthalb Jahre mit der DSGVO verbracht. Jede Stunde, die ich mit dem Datenschutzbeauftragten über Dokumente sprach und festlegte, welche Daten wo wie abgespeichert werden sollten, konnte ich nicht bei einem potenziellen Kunden und auch nicht bei unserem Tech-Team verbringen. Ich gebe zu, dass es ein schmerzhafter Prozess war, auch wenn uns die Bedeutung der Daten unserer Kunden absolut bewusst war und wir alles tun wollten, um sie zu schützen.

Noch schlimmer wurde es, als wir tatsächlich einen Datenschutzvorfall hatten. Einbrecher hatten unsere Bürotür aufgebrochen und Computer von den Tischen geklaut. Es dauerte ein paar Stunden, bis wir verstanden, dass das nicht nur wegen der Rechner ärgerlich war, sondern auch aus Gründen des Datenschutzes problematisch. Denn auf den Computern waren leider teilweise Daten von Kunden, zum Beispiel Rechnungen oder technische Proben, die gerade analysiert wurden. Obwohl die Chance, dass die Diebe irgendein Interesse an diesen Daten haben könnten, sehr gering war, griffen alle Regelungen der DSGVO. In einer Nachtschicht analysierten wir mit den verbliebenen Rechnern, welche Kunden betroffen gewesen sein könnten. Danach begann ich persönlich den «Walk of Shame» zu unseren Kunden, um die Informationspflicht zu erfüllen. Die Kunden waren mit diesen Situationen ebenso unerfahren und überfordert wie wir. Da niemand etwas falsch machen wollte, entschieden sie sich für die volle Erfüllung der Vorschriften und trugen uns auf, jeden einzelnen Endkunden aus ihrem Datensatz zu recherchieren, der tangiert gewesen sein könnte, und diese anzuschreiben. Es kostete uns zwei Wochen und einige Anwaltskosten, bei gleichzeitigem Stillstand unserer Entwicklung und Kundenbetreuung, da erst einmal neue Rechner gekauft und eingerichtet werden mussten. Wir verloren in dieser Zeit mehrere Zehntausend Euro. Für ein zwölfköpfiges Unternehmen mit einer schmalen Finanzierung ein äußerst bedrohlicher Zustand, den wir nur mit Glück, der Hilfe unserer Investoren und einer Menge eisernem Willen durchstanden.

Neben allen anderen Dingen, um die wir uns kümmern mussten, hatten wir natürlich Anzeige erstattet, schon allein in der Hoffnung auf Versicherungsleistung für die Computer. Überraschenderweise meldete sich aber nach zwei Wochen die Polizei bei uns. Der Polizist, den wir am Telefon hatten, hatte großartige Laune. Sie hatten in einer Routinekontrolle die Diebesgruppe erwischt, die auch bei uns eingebrochen war, und deren Beute sichergestellt. Unsere Rechner waren wieder aufgetaucht und wir konnten sie abholen! Ob wir uns nicht freuen würden, fragte er. Ich war kurz davor, einen Nervenzusammenbruch zu erleiden. Gerade hatten wir den eventuellen Datenschutzvorfall durchgestanden, unsere Anwälte in Anspruch genommen, neue Rechner gekauft und waren langsam wieder produktiv, da tauchen die verschwundenen Computer wieder auf. Sie lagen in einem Diebeslager, vollkommen unangetastet und natürlich ohne Datenverlust. Alle Maßnahmen im Sinne der DSGVO, die wir zusammen mit unseren Kunden durchgeführt hatten, waren überflüssig gewesen.

Das Ergebnis waren verunsicherte Endkunden, die ihre Kontonummern schon im Darknet wähnten, und eine Versicherung, die nicht zahlte, da die Computer ja wieder aufgetaucht waren. Der einzige Gewinner in der Sache war die Berliner Polizei, der ich ihren Erfolg uneingeschränkt gönne. Immerhin blieb uns ein Bußgeld erspart.

Natürlich ist dies ein extremes Beispiel für Bürokratiekosten, die so niemals in die enge, noch nicht mal in die weite Definition von Bürokratie fallen würden. Die DSGVO kann schließlich nichts dafür, dass bei uns eingebrochen wurde. Fragt man allerdings Unternehmerinnen, ist das Gefühl, dass man sich durchgängig damit beschäftigen muss, es allen Gesetzen und Vorschriften recht zu machen, so vorherrschend, dass eine Veränderung hier unabwendbar scheint.

6
Deutschland am Wendepunkt

In den letzten Kapiteln habe ich die Herausforderung geschildert, die Deutschlands Innovationskraft behindern. Strukturelle und kulturelle Hindernisse stören den Transfer von Forschungsergebnissen in die Anwendung, hemmen Start-ups beim Wachsen und erschweren etablierten Unternehmen ihre Innovationstätigkeit. In diesem Kapitel möchte ich dagegen Optionen aufzeigen, wie es stattdessen sein könnte, und Sie einladen, sich ein anderes, innovatives Deutschland zu denken.

Während meiner Zeit beim K.I.E.Z. wurde mir schnell klar, dass geschütztes geistiges Eigentum, vor allem in Form von Patenten, keine große Rolle im Gründungsgeschehen der Künstlichen Intelligenz spielt. Das liegt zum einen daran, dass KI Software ist. Lange Zeit waren viele der Auffassung, dass man Software gar nicht patentieren lassen kann oder sollte. Gleichzeitig zeigt sich hier aber ein allgemeiner Trend wissenschaftsnaher Gründungen: Ihnen geht immer seltener ein Kauf von Patenten voran. Ebenso zurück gehen Gründungen, die sich offiziell als «Spin-Off» bezeichnen. Das sind Start-ups, die dediziert als Tochterunternehmen einer Universität oder eines Forschungszentrums starten. Stattdessen ist der Großteil der wissenschaftlichen Gründungen zwar zeitlich einer Tätigkeit oder einem Studium nachgelagert, aber in der Mehrzahl nicht in formaler Weise an eine Alma Mater geknüpft.

Man könnte den Eindruck erhalten, dass die Forschung scheinbar gar keine Rolle spielt, was Unternehmensgründungen angeht. Wir sind schließlich auch alle mal zur Schule gegangen. Was wir danach tun, lässt wohl kaum Rückschlüsse auf eine Verbindung zur besuchten Schule zu. Aber in Bezug auf wissenschaftliche Einrichtungen ist das nicht korrekt, denn in einer Kategorie waren sich fast alle Befragten einig: Die Institution war die Brutstätte ihres Unternehmens. Nur eben nicht nur in Form von übertragenem geistigen Eigentum, sondern vor allem über Wissen und Kontakte. Zwei Drittel der Befragten gaben an, dass sie durch Inhalte ihres Studiums oder ihre konkrete wissenschaftliche Tätigkeit inspiriert wurden, ihr Unternehmen zu gründen, und sogar noch mehr als zwei Drittel hatten notwendige Kontakte, Mitgründerinnen, Fachexperten oder andere Unterstützer an der Einrichtung gefunden. Das heißt, der Effekt der Hochschule oder Forschungseinrichtung ist spürbar und relevant, aber in anderer Weise als bislang gedacht. Es gibt einen Faktor, der alle anderen aussticht: Menschen!

Es sind Menschen, die den Unterschied machen: Menschen, die begeistern; Menschen, die Wissen vermitteln; Menschen, die Ideen aufgreifen und verstärken; Menschen, die Neues denken; Menschen, die sich trauen, arbeitsintensive und unberechenbare Wege mitzugehen.

Die Bedeutung von «Köpfen», wie man in Wissenschaft, Wirtschaft und Politik gerne zu Fachkräften sagt, für Innovationen ist lange bekannt. Es ist allgemein akzeptiert, dass kluge Köpfe andere kluge Köpfe anziehen. Möchte man ein Team aufbauen, ist neben Faktoren wie der Finanzierung ebenso wichtig, dass man ein bis zwei wirklich gute Personen gewinnen kann, damit andere nachfolgen. Auch die Wirkung von Rollenvorbildern ist bekannt. Einer der Gründe, wieso es so wichtig ist, zum Beispiel Frauen in technischen Berufen sichtbar zu machen, ist, dass sie andere Frauen, und vielleicht auch Männer, inspirieren, ihnen nachzufolgen. Wagniskapitalgeber, die in sehr junge Start-ups investieren, investieren meist in nicht viel mehr als Ideen und Menschen. Es ist das Gründerteam, auf das die Wette geschlossen wird. Ob ein Start-up erfolgreich sein wird, hängt maßgeblich von den Gründern ab. Konsequenterweise ist der Hauptgrund für das Scheitern von Start-ups, dass die Gründer sich verkrachen, das Team unterschiedliche, unvereinbare Vorstellungen entwickelt oder Einzelne dem Druck nicht standhalten und das Team auseinanderbricht.

Fragt man erfolgreiche Menschen, die aus schwierigen Milieus stammen, nach ihrer Geschichte, hört man oft gruselige Erzählungen voll von Diskriminierung und Hindernissen. Geschichten von unglaublich viel Kraft, die notwendig war, um dort anzukommen, wo man jetzt steht. Aber ein Aspekt findet sich in diesen Geschichten ebenfalls häufig: Die eine Person, die den Unterschied machte. Die Lehrerin, die sagte: «Ich glaube an dich.» Die Freunde, die sich entschieden: «Wir unterstützen dich.» Die Nachbarin, die kostenlos bei den Hausaufgaben half. Der Chef, der regelt: «Du bekommst den Job.» Der Einfluss, den jeder Einzelne von uns darauf ausübt, ob sich etwas bewegt oder nicht, ist uns meist gar nicht bewusst. Umgekehrt gilt das natürlich ebenso. Es gibt eine unglaublich große Dunkelziffer an Geschichten, in denen es nicht geklappt hat, in der jemand einen Unterschied hätte machen können, aber nicht aktiv geworden ist.

Ganz entscheidend, um etwas in Bewegung setzen zu können, ist, dass Menschen beweglich bleiben können. Strukturen dürfen sie nicht einengen. Es muss ihnen möglich sein, immer wieder über den Tellerrand blicken zu können. Wir müssen in Kontakt kommen mit anderen Herangehensweisen und Denkmustern. Es ist entscheidend, von anderen lernen zu können. Wenn Wissenschaft und Wirtschaft in vollkommen getrennten Netzwerken agieren, verzichten wir auf wichtige Impulse. Wenn Bildung und Wirtschaft nicht miteinander kommunizieren, lassen wir Ausbildungspotenziale links liegen. Erlauben Strukturen nicht, dass dieser Austausch zustande kommt und Menschen sich und etwas bewegen können, wandern viele Talente ab und bringen sich an anderer Stelle ein, vor allem in den USA. So ist etwa der Produktchef von ChatGPT bei OpenAI ein Deutscher, und auch der CEO von World (ehemals Worldcoin), einer weiteren ambitionierten Unternehmensgründung von Open-AI-Chef Sam Altman, kommt aus Deutschland.

Verändert sich eine Gesellschaft, spürt das jedes einzelne Individuum. Es kann sehr unangenehm sein, wenn über Jahrzehnte akzeptierte Zustände infrage gestellt werden. Die Reaktion darauf ist häufig Abwehr. Veränderung? Ohne mich! Wieso kann es nicht einfach so weitergehen wie bisher? Aber die Entwicklung macht nicht vor uns halt. Wir können die Zeit nicht einfrieren. Transformation ist notwendig, um auch in Zukunft bestehen zu können. Das können wir nur gemeinsam schaffen. Jeder Einzelne von uns hat Einfluss auf die Zukunft.

Die Professorin Yasmin Weiß hat in einem Vortrag ein treffendes Bild geprägt: Ein Vogel auf einem Ast hat keine Angst, dass der Ast brechen könnte. Er vertraut auf seine Fähigkeit, fliegen zu können. Arbeitnehmerinnen können sich nicht mehr darauf verlassen, dass ihr Arbeitsfeld und ihre Aufgaben immer so bleiben werden, wie sie es in ihrer Ausbildung gelernt haben. Vielmehr müssen wir uns in der sich schnell ändernden Arbeitswelt auf unsere Fähigkeit verlassen, lernen zu können und uns neuen Gegebenheiten anzupassen.

Statt die vor uns liegenden Veränderungen als Brechen des Astes zu interpretieren und aus Angst die Bewegung einzustellen, sollten wir uns auf unsere Fähigkeit, uns neu zu erfinden und anzupassen, vertrauen. Ich bin überzeugt, dass wir das können.

6.1 Transformation

Deutschland steht an einem Scheideweg. Als wirtschaftsstarkes und entwickeltes Industrieland sind wir ein Powerhaus in Europa und der Welt. Aber unsere Kraft lässt nach. Unsere traditionellen Industrien sind im Wandel, der Absatz auf dem chinesischen Markt, jahrelang ein Garant für Nachfrage und Wachstum, schrumpft, die geopolitische Lage begrenzt unsere internationale Ausrichtung und Vernetzung weiter. Unsere Wirtschaft steckt in einer Rezession. Die Schere zwischen Arm und Reich wird größer. Es gibt Menschen, die sehr viel arbeiten und trotzdem kaum genug zu leben haben. Die Mittelschicht schrumpft, und die Kinder der Babyboomer werden es nicht besser haben als ihre Eltern. Die demografische Entwicklung bringt praktische volkswirtschaftliche Herausforderungen mit sich, wie den Mangel an Arbeitskräften oder die Finanzierung der Rentenkassen. Innovationen könnten uns bei einer Vielzahl dieser Probleme helfen, doch unsere Innovationskraft rieselt uns durch die Finger.

Wir stehen vor einer alles entscheidenden Transformation.

Unsere alten Denkmuster und Traditionen, unsere alten Geschäftsmodelle werden uns nicht auf Dauer tragen können. Wir befinden uns in einer Zeit der Deindustrialisierung. Die Welt verändert sich, und die Digitalisierung hat das Tempo noch einmal immens erhöht. Wir alle sind immer häufiger damit konfrontiert, uns neuen Gegebenheiten anzupassen, seien es neue Fähigkeiten, die wir im Job benötigen, oder aber auch große gesellschaftliche Umwälzungen. Auch als Gemeinschaft müssen wir häufig neue Herausforderungen bewältigen. Ein Zurück in die vergangene Zeit ist nicht möglich. Wir müssen einen neuen Weg finden. Denn nur was sich regelmäßig neu erfindet, kann über lange Zeit bestehen.

In der Wirtschaft gibt es immer wieder beeindruckende Beispiele von Transformationsprozessen. Microsoft zum Beispiel hat die Notwendigkeit verstanden, zum richtigen Zeitpunkt massiv in das Cloud Computing zu investieren. Satya Nadella, Microsofts CEO, hat ein bis dahin vollständig auf Desktop-Software orientiertes Angebot in einem Kraftakt komplett auf Cloud umbauen lassen. Das war schmerzhaft, wie ich von unterschiedlichen Microsoftmitarbeitern gehört habe. Der Druck war hoch, die Ansprüche auch. Aber die Früchte dieser Transformation sind groß. Microsoft hat sich erfolgreich neu erfunden und es damit geschafft, die erste Wahl für Büroanwendungen zu bleiben. Die Angebotspalette konnte sogar noch erfolgreich um Kommunikationstools, Kollaborationstools und Cloud-Computing-Angebote erweitert werden und das Unternehmen sich dadurch neue Marktanteile sichern. Dieser Mut und die Entschiedenheit haben Nadella den Ruf als einer der besten Manager der Welt eingebracht. Hätte Microsoft nicht so schnell und so entschieden den Weg der Transformation zu einer neuen Technologie beschritten, wäre es nach und nach zu einem Nischenspieler geworden.

Aber die Veränderungsmöglichkeiten von großen Strukturen sind begrenzt. Es ist eine unglaubliche Kraft notwendig, um ein großes Unternehmen oder eine ganze Behörde zu verändern, geschweige denn ein ganzes Land. Altes, Vertrautes hinter sich zu lassen und Neues zu wagen erfordert Mut und Stärke.

Und je mehr es zu verlieren gibt, desto mehr Mut brauchen wir, um dieses Wagnis einzugehen. Eine Gesellschaft wie China hat eine ganz andere Ausgangssituation als wir, die wir aus einem Jahrhundert steigenden Wohlstands und Erfolg kommen. Eine Volkswirtschaft, die sich aus der Armut erhebt, hat dadurch bedingt mehr Mut zum Risiko als eine, in der schon seit vielen Jahrzehnten Wohlstand herrscht. Sie kann nur gewinnen. Wir haben etwas zu verlieren. Natürlich wollen wir unsere Situation nicht verschlechtern. Die Wahrheit ist aber auch, dass sich bereits Risse im Fundament zeigen. Es zeichnet sich ab, dass wir mit einem Weiter-so die Situation nur verschlechtern werden.

In dieser Lage sind wir nicht allein. Unsere Situation ist weltweit in den starken Industriestaaten des letzten Jahrhunderts in unterschiedlicher Ausprägung zu beobachten. Alle kämpfen mit ähnlichen Herausforderungen: einer negativen demografischen Entwicklung, dem neuen digitalen Zeitalter und Industriesektoren, die langsam an Bedeutung verlieren. Japan ist ein Beispiel für ein weiteres Land, das sich neu erfinden muss. Die Wirtschaftskraft Japans gibt bereits seit einigen Jahren nach. In den Rankings zu Innovationskraft ist Japan abgeschlagen. Die Ursache liegt auch im Beharren auf alten Strukturen. Noch stärker als in Deutschland basiert Japans Wohlstand auf Investitionen aus den 80er-Jahren.[1] Gleichzeitig hat Japan dort, wo es jahrzehntelang stark war, etwa in der Konsumelektronik, starke Konkurrenz durch China bekommen. Das ist vergleichbar mit der deutschen Situation im Anlagenbau.

Spannend ist der Vergleich mit den Volkswirtschaften, denen es gelingt, sich zu ändern. Was können wir von der Schweiz und Dänemark, aber auch von Singapur und Südkorea lernen? Letzteren ist gemein, dass sie sich mithilfe nationaler Strategien neu erfinden und dass sie dazu auf Technologien setzen. Diesen Transformationspfad machen sie zum Fokus von Politik, Wirtschaft und Gesellschaft. Wie könnte das für Deutschland aussehen?

6.2 Deutschland 2.0

Ich möchte Sie einladen, unseren Fortschritt und Wohlstand neu zu denken. Wir sind schließlich das Land der Denkerinnen und Denker. Wenn wir uns trauen, nicht nur zurückzublicken, sondern auch mutig nach vorne, dann haben wir alle Chancen. Die Chance, groß zu denken, unsere Fähigkeiten neu zu entdecken und besser als bisher zu nutzen. Die Chance, unsere Zukunft aktiv zu gestalten. Die Chance, erfolgreicher zu sein. Und die Chance, mit dem kommenden Erfolg wieder bei den Spitzenreitern mitzuspielen.

Der Weg zurück an die Spitze führt über neue Innovationen in den bahnbrechenden Technologien des jungen Jahrhunderts, geschickt kombiniert mit unseren bisherigen Stärken.

Dabei geht es nicht darum, dass wir das Silicon Valley kopieren oder gar China eins zu eins nacheifern. Wir können unseren ganz eigenen Weg bestreiten. Im Bereich der schnellen Konsumgüter, die weder ökologisch, noch sozial und auch oft nicht wirtschaftlich nachhaltig sind, sind wir nicht besonders stark. Und das ist, zumindest meiner Meinung nach, auch gut so.

In welchen Bereichen wir uns definieren wollen, ist Aufgabe eines gesellschaftlichen Diskurses, aber es gibt etliche Angebote für mögliche Schwerpunkte eines Deutschlands 2.0. Im Folgenden möchte ich ein paar Ideen diskutieren, die immer wieder genannt werden.

→ Wenn wir es schaffen, unsere industrielle Basis digital weiterzuentwickeln, kann uns keiner etwas vormachen. Der Maschinen- und Anlagenbau in Deutschland spielt auf dem internationalen Markt immer noch ganz vorn mit. Es ist kein Naturgesetz, dass China als Exporteur von Maschinen jetzt das Rennen macht und deutsche Anbieter nur zuschauen können. Der Vorsprung ist aufzuholen, neue Marktanteile können gewonnen werden. Aber nur, wenn wir radikal digital und datenorientiert denken. Statt traditionellen Fertigungsstraßen, die statisch und schlecht zu programmieren sind, brauchen wir flexible und adaptive Robotik. Durch die Kombination mit Künstlicher Intelligenz werden konventionelle Maschinen anpassbar und können in kürzerer Zeit auf neue Serien umgestellt werden. Auch die Programmierung wird einfacher, etwa durch die Möglichkeit, Kommandos in natürlicher Sprache zu formulieren. Oder wie wäre es mit humanoiden Robotern, die universell einsetzbar sind, made in Germany? Dem Menschen nachempfunden, können sie in Situationen unterstützen, die für Menschen geschaffen wurden, ob in der Fabrik oder zu Hause beim Staubsaugen.

→ Dass uns unsere Sicherheit unserer Daten am Herzen liegt, ist bekannt. Und das aus gutem Grund. Die Cyberkriminalität ist in den letzten Jahren massiv in die Höhe geschossen. Kaum jemand, der nicht schon mal betroffen war von Phishing-E-Mails, Betrugsversuchen mit Kreditkarten oder gefälschten Internetseiten. Und das ist nur die eine Seite, großflächige Cyberattacken sind eine Bedrohung für Unternehmen und Institutionen. Es ist vorstellbar, dass ein weltweit erfolgreiches Cybersecurity-Unternehmen aus Deutschland stammen könnte. Mit digitalen Identitäten aus Deutschland, durch fortschrittlichste biometrische und dezentralisierte Sicherheitsverfahren geschützt, die es unmöglich machen, persönliche Daten zu stehlen oder zu manipulieren. Künstliche Intelligenz und Quantencomputing arbeiten Hand in Hand, um Bedrohungen in Echtzeit zu erkennen und abzuwehren. Vertrauenswürdige Software aus einem vertrauenswürdigen Land.

→ Mit der starken Basis Deutschlands im Automobilbau haben wir alle Chancen, die Zukunft der Mobilität neu zu definieren. Wir denken das Autoland Deutschland um, hin zu einem autonomen, grünen und mit Schwarmintelligenz ausgestatteten Individualverkehr. Nicht nur das Auto wird zum vernetzten Gerät, auch die Straße wird smart. In einer bisher nie dagewesenen Kooperation schafft die deutsche Autobahn GmbH des Bundes mit den deutschen Automobilherstellern die Straße 2.0. Das digitale Auto aus Deutschland kommuniziert autonom mit der digitalen Straße und dem restlichen Verkehr, passt Fahrverhalten und Geschwindigkeit automatisch an und reduziert maßgeblich Stau, Todesopfer und Umweltverschmutzung.

→ Schon jetzt sind wir maßgeblich beteiligt an der Erforschung der Hardwaregrundlagen der digitalen Welt, von Komponenten für Mikrochips bis hin zum Quantencomputer: Deutsche Wissenschaftler und innovative Unternehmen mischen vorne mit. Und die Kombination mit Software wird immer entscheidender. Schaffen wir den Sprung zu den neuesten Chips! Bauen wir neuromorphe Chips, die sich am Gehirn orientieren und bisherige Mikrochips mit ihrer Rechenleistung in den Schatten stellen und dabei nur einen Bruchteil der Energie benötigen. Unsere Hardware können wir dann einsetzen für die nächste Generation von internetfähigen Geräten. Smart Glasses und andere Geräte made in Germany lösen Smartphones ab und bieten Informationszugang ohne Nackenschmerzen direkt ins Sichtfeld und zum Hören. Die Simultanübersetzung durch Technologie wird Realität.

→ In der Medizin- und Pharmabranche hat Deutschland ein starkes Fundament. Neue Errungenschaften der Biotechnologie oder der Verknüpfung von KI mit medizinischer Entwicklung ermöglichen ganz neue Arten von Medikamenten, Heilung von seltenen Krankheiten und neue Erkenntnisse über große Volkskrankheiten. So können KI-Modelle die beste Andockstelle für Medikamente an menschlichen Zellen identifizieren und wirksamere Medikamente entwickeln. Mithilfe von Quantensensoren verstehen wir Erreger schneller und besser. So vermeiden wir die wirkungslose Verordnung von Antibiotikum und stoppen multiresistente Keime. Und dank Rechenpower schaffen wir die personalisierte Medizin, die Medikamente identifiziert, die wirklich wirken, denn kein Körper ist gleich. Dadurch besiegt deutsche Pharmazie und Medizintechnik den Krebs und heilt weltweit Patienten.

→ In den Energietechnologien sind wir schon lange ganz vorne dabei. Die ersten Solartechnologien kamen aus Deutschland. Inzwischen hat uns China hier zwar den Rang abgelaufen, aber wir haben immer noch die Grundlagen. Und auch Windenergieanlagen werden hier gefertigt und weltweit verkauft. Mit grünem Wasserstoff und der Kernfusion sind weitere Energietechnologien aktuell in der Forschung, die das Zeug haben, die Energiewende maßgeblich zu gestalten. Kernfusion verspricht eine der Sonne nachempfundene sichere und praktisch unerschöpfliche Energiequelle – ohne klimaschädliche Gase oder radioaktiven Abfall. Und auch grüner Wasserstoff lässt hoffen: Gut speicherbar und hergestellt nur aus Wasser, produziert die Erzeugung nur Wasserdampf, ganz ohne Ausstoß von CO_2. Wir haben viel Know-how für die Energietechnologien in Deutschland. Schaffen wir das erste Kernfusionskraftwerk in Deutschland und exportieren die Technologien weltweit.

→ Mülltrennung nervt Sie? Oder vielleicht sind Sie ein großer Fan der bunten Tonnen? Tatsächlich ist Recycling eine deutsche Stärke. In der Kreislaufwirtschaft landen wir in quasi allen Rankings auf Platz 1. Und die Abfallwirtschaft ist nur ein Aspekt des vielfältigen Themas. Mit neuen Technologien erreichen wir die lückenlose Weiterverarbeitung von Materialien und Mehrfachnutzung von Rohstoffen. Schaffen wir eine vollständig kreislauffähige Gesellschaft – ein Land ohne Abfall, in der Ressourcen niemals verloren gehen, sondern ständig wiederverwendet werden. Produkte werden von Anfang an so entworfen, dass sie leicht reparierbar, wiederverwertbar oder biologisch abbaubar sind. Jeder Gegenstand trägt einen digitalen Produktpass, der seine Herkunft, Zusammensetzung und Nutzungshistorie transparent macht. Wir stehen weltweit in der Pole-Position.

Diese Liste ist längst nicht abgeschlossen. Es gibt etliche weitere Anknüpfungspunkte. Wir stehen auf einem sehr soliden Fundament mit Vorteilen, die wir nicht kleinreden sollten. Wir haben in Kapitel 2 schon gesehen, dass einige der grundlegenden Technologien für Künstliche Intelligenz aus Deutschland kommen. Die weltweit mit am meisten genutzte Technologie für Bildgenerierung zum Beispiel wurde an der Ludwig-Maximilians-Universität in München entwickelt. Wir haben eine große Menge an gut ausgebildeten Talenten im Land, im Bereich Künstlicher Intelligenz sind wir weltweit das am drittbesten mit Fähigkeiten ausgestattete Land nach Indien und den USA.[2] Auch sind wir attraktiv für Zuzug von ausländischen Talenten, ein Umstand, den wir unbedingt positiv gestalten und stärken sollten, denn die Anzahl unserer arbeitenden Bevölkerung nimmt ab, und nicht selten sind Zugezogene die treibende Kraft für unternehmerisches Handeln.

Für welchen Weg wir uns auch für die Zukunft entscheiden, wir haben gute Chancen. Aber nur dann, wenn wir es schaffen, schnell weitere Innovationen hervorzubringen.

Neben den oben skizzierten zivilen Möglichkeiten wird die aktuelle geopolitische Lage außerdem den Verteidigungssektor verändern. Durch das Fünf-Prozent-Ziel der Nato wird der Bedarf nach Sicherheits- und Verteidigungslösungen steigen.

Ebenso wie bei Forschung und Entwicklung werden auch die Investitionen einzelner Staaten in die Verteidigung anhand einer Quote zum BIP angegeben. Aktuell steht Deutschland bei Verteidigungsausgaben von etwa zwei Prozent des BIP. Eine Steigerung um drei Prozent wird die deutsche Wirtschaft maßgeblich beeinflussen. Dabei werden neben konventionellen Rüstungsartikeln und Investitionen in die Infrastruktur auch neue Technologien anhand des erweiterten Sicherheitsbegriffes eine große Rolle spielen.

Technologische Souveränität bedeutet nicht nur, in bestehenden Schlüsseltechnologien möglichst unabhängig und wettbewerbsfähig zu sein. Wesentlich ist auch, neue Technologien zu entwickeln, die weltweit eine führende Rolle spielen werden. In einer Welt, in der mehr und mehr Länder sich kompromisslos neuen technischen Innovationen zuwenden, dürfen wir nicht auf unserem Status quo verharren. Wir müssen unser Innovationssystem ändern und an die neue Zeit anpassen. Wo die Schwachpunkte liegen, habe ich in den letzten beiden Kapiteln beschrieben. Im kommenden Kapitel zeige ich die wichtigsten Handlungsfelder und Lösungswege auf.

7
Die Erfolgsmechanik – volle Kraft auf Zukunft!

Einige der Schwächen und Herausforderungen unseres Innovationssystems, die ich in diesem Buch beschrieben habe, habe ich selbst erlebt, manche habe ich bei anderen beobachtet und fast alle sind den Innovationsexperten in Deutschland schon eine Weile bekannt. Nichtsdestotrotz schaffen wir es bisher nicht, daran grundlegend etwas zu ändern. Aber wir stehen nicht verloren. Wir sind eine starke Volkswirtschaft, wir haben 800 000 Leute deutschlandweit in der Forschung und 3,5 Millionen Unternehmen. Wir haben eine gute Basis. Jetzt geht es darum, das Richtige zu tun, um unseren Wohlstand zu retten.

Manche Anhänger von Schumpeters Lehre der Erneuerung prophezeien, dass sich das «Alte» erst komplett zerstören muss, bevor sich eine neue innovative Kraft entfalten kann. Laut den Verfechtern dieser Überzeugung sind wir gerade auf dem besten Weg in den Niedergang, der genau so lange weitergehen wird, bis der Zustand unerträglich wird und aus Chaos neue Kraft entsteht.

Aber wie wäre es, wenn wir es gar nicht erst so weit kommen lassen? Wir müssen nur jetzt die richtigen Weichen stellen, um mithilfe neuer technologischer Innovationen eine Transformation einzuleiten, die Deutschland wieder zukunftsfähig macht. Dabei spielen junge Unternehmen, Forschung, der Staat und etablierte Unternehmen eine Rolle und jeder Einzelne von uns auch.

Was wir jetzt brauchen, ist volles Commitment auf die Zukunft. Wir müssen uns gemeinsam hinter das Ziel stellen, wieder führende Innovationsnation zu werden. Wir brauchen eine starke Technologie- und Innovationsagenda, die oberste Priorität hat und hinter der sich alle anderen Strategien einreihen. Sie darf nicht eine Agenda parallel zu etlichen anderen mit anderer Zielsetzung sein. Sie muss die führende Agenda sein. Und wir brauchen sie schnell, denn eine Volkswirtschaft umzusteuern, ist wie einen großen Frachter in voller Fahrt zu wenden. Man muss das Manöver Kilometer vorher einleiten, damit das Schiff zur rechten Zeit am rechten Ort ist. In einer großen Volkswirtschaft brauchen Veränderungen Jahre, um spürbar zu werden.

Wichtig ist auch der Schulterschluss mit Europa. Gegen die Giganten USA und China kann Deutschland das Wettrennen um die nächsten technischen Innovationen nicht allein gewinnen. In Europa können wir unterschiedliche Teile von Wertschöpfungsketten in den Schlüsseltechnologien über Partnerländer verteilen, um so gemeinsam technologisch souverän zu werden. Die europäischen Partner schauen sehr genau auf uns, denn wegen unserer Größe haben wir massiven Einfluss auf die europäische Wohlstandssituation. Und wie Bill Gates sagte: «Mit großem Reichtum kommt große Verantwortung.» Es besteht nicht nur die Notwendigkeit, uns zu verändern, wir haben auch die Verantwortung, das zu tun. Europa gegenüber, aber vor allem uns selbst und den kommenden Generationen gegenüber.

Der Impuls dazu kann von der Bundesregierung ausgehen. Während dieses Buch geschrieben wird, konstituiert sich die nächste deutsche Regierung. In ihrem Koalitionsvertrag haben SPD und CDU/CSU eine Hightech-Agenda vorgesehen, die sich auf Schlüsseltechnologien wie Künstliche Intelligenz, Mikroelektronik und Quantentechnologien fokussiert und hier starke Innovationen hervorbringen möchte. Eine solche Agenda mit hoher politischer Aufmerksamkeit und Durchschlagskraft wäre ein unabdingbarer erster Schritt.

Ressourcen und Unterstützung müssen in die richtigen Segmente fließen, in die zukunftsgerichteten Bereiche. Dazu zählen Ausbildung und Gesundheit unserer Kinder genauso wie Forschung & Entwicklung in den identifizierten Technologien. Die Aufgabe kann nicht allein von einer Seite bewältigt werden. Weder reicht es, alle Universitäten zum Transfer zu befähigen, noch, nur den Unternehmen Forschungsausgaben zu erleichtern oder einen neuen Ausbildungsgang zu schaffen. Alle Beteiligten müssen sich von ihrer jeweiligen Position auf die anderen zubewegen, damit die Zahnräder der Innovation ineinandergreifen können. In den folgenden Kapiteln erläutere ich ein paar Ideen, wie das aussehen kann.

7.1 Die Fachkräftebasis von morgen sichern

Nichts verkörpert die Zukunft so maßgeblich wie die nächsten Generationen. Auf ihren Schultern liegt der Wandel. Sie brauchen und verdienen eine gute Ausbildung. Sie verdienen die Chance, auf Zukunftsfeldern aktiv zu sein bei gleichzeitiger Fürsorge um ihre geistige und körperliche Gesundheit. Wir können es uns nicht leisten, Bildung kaputt zu sparen: Schulen und Universitäten fallen auseinander, Klassen werden immer größer, Lehrpersonal immer überforderter, die Ergebnisse der Bildungsrankings immer schlechter. Mit neuen Technologien kommen viel zu wenige Schülerinnen über die Schulbildung in Kontakt, oft wird ihnen sogar eine grundsätzliche Skepsis gegenüber Technologie vermittelt, die sich dadurch ausdrückt, dass das Schulsystem selbst nicht weiß, wie es mit den neuen Technologien umgehen soll. Lehrer und Lehrerinnen werden mit der Notwendigkeit, sich zu neuen Technologien zu verhalten, alleingelassen. Künstliche Intelligenz setzt den Bildungssektor unter Druck. Manch eine Schule und Universität entscheidet sich dafür, KI vollständig zu verbieten, um sicherzustellen, dass keine Schülerin, kein Student sich KI-Software bedient, um einen Text zu schreiben. Aber wie soll die nachwachsende Generation lernen, mit neuen Technologien umzugehen, wenn es ihr verboten wird? Ich wage die Prognose, dass das Schreiben von Texten in der nahen Zukunft für alle folgendermaßen aussehen wird: Wir schreiben in dauerhafter «Anwesenheit» eines digitalen Assistenten, der uns laufend Vorschläge für bessere Formulierungen macht, im Hintergrund Informationen recherchiert und Textstücke automatisch übersetzt. Der Assistent kann auch fremde Texte zusammenfassen und bei der Strukturierung helfen. Microsoft bietet den Assistenten mit seinem «Copilot» bereits an, andere Systeme folgen. Diese Angebote zu nutzen, heißt auch, Fallstricke und Optimierungen der Systeme kennenzulernen. Das ist eine entscheidende Qualifikation für die Zukunft. Das Bildungssystem ist nun gefordert, ehrlich zu analysieren, welche Kompetenzen zu welchem Zeitpunkt vermittelt und abgefragt werden sollen. Ist das Verfassen eines Textes in der aktuellen Aufgabe tatsächlich die Kompetenz, um die es geht? Ist die zu vermittelnde Kompetenz, sich Informationen auf anderem Weg zu besorgen, als einen KI-Assistenten zu fragen? Das ist keine leichte Aufgabe, aber unseren Kindern diese Entwicklung vorzuenthalten, weil unser Curriculum sich nicht auf die neue Zeit einstellen kann, ist fahrlässig. Es disqualifiziert eine nachwachsende Generation von Arbeitnehmern auf dem Arbeitsmarkt. Die Inhalte der Curricula anzupassen ist eine Mammutaufgabe, aber sie ist zu schaffen, wenn man sie Schritt für Schritt durchführt und jetzt damit beginnt. Es lohnt sich, über modulare Unterrichtseinheiten nachzudenken, die schnell mit neuen Inhalten ausgetauscht werden können.

Das garantiert uns auch Arbeitnehmerinnen, die mit den benötigten Fähigkeiten in den Arbeitsmarkt einsteigen. Und die brauchen wir dringend, da wegen des demografischen Wandels die Anzahl der arbeitenden Bevölkerung schrumpft. Diesen Trend können wir nicht stoppen, wir können ihm aber etwas entgegensetzen. Das geht nur mit internationalen Fachkräften und Umschulungen. Technische Neuerungen entwickeln sich schnell. Aus- und Weiterbildung müssen sich ebenfalls rasch auf neu entstehende Bedarfe anpassen können. Wir kommen in eine Zeit, in der wir nicht eine Ausbildung machen und dann ein Leben lang als das gelten, was wir gelernt haben: Physikerin, Dachdecker oder Psychologen. Stattdessen ist unsere erste Ausbildung nur der Start eines langen Weges von Weiterentwicklungen, Zusatzausbildungen und Umschulungen. Gleichzeitig brauchen wir Unterstützung von außen, ohne Zuwanderung von Fachkräften wird es nicht gehen. Dabei stehen wir in Konkurrenz mit allen anderen Staaten der Welt, in denen die demografische Situation sich ähnlich entwickelt, und das sind einige, selbst China gehört dazu. In welchem Land sich internationale Fachkräfte ansiedeln, hat massiv nicht nur mit der eigentlichen Arbeit, sondern auch mit den Begleitumständen zu tun, sprich mit der Attraktivität des Landes. Dabei spielen Landschaft und Kulturangebote ebenso eine Rolle wie Sicherheit, aber auch der Aufwand, in ein Leben einzusteigen, zum Beispiel wie schnell man eine Wohnung oder ein Bankkonto erhält und natürlich auch, welche Einstellung einem im Land selbst entgegengebracht wird. Jemand, der sich nicht willkommen fühlt, wird sich schnell für eine der anderen, zahllosen Optionen entscheiden. Im Markt der qualifizierten Arbeitnehmerinnen sind die Unternehmen und Staaten die Bewerber, nicht die Fachkräfte.

7.2 Transferlücke schließen

In den USA, die, auch wenn sie sich seit der zweiten Trump-Regierung verändern, ohne Zweifel die innovativsten Geschäftsmodelle der letzten Jahrzehnte hervorgebracht haben, sind viele der zugrunde liegenden Forschungsergebnisse nicht nur an Universitäten entstanden, sondern auch in den Unternehmen selbst. Unternehmen wie Google oder Meta sind feste Mitglieder der Forschung, und sie veröffentlichen ihre Ergebnisse auf den besten wissenschaftlichen Konferenzen. Der Durchbruch in der Künstlichen Intelligenz, die sogenannten «Embeddings» aus großen KI-Modellen, kam durch Forschung von Google zustande. Viele der Forschenden in den USA sind dabei sowohl an Universitäten als auch in Unternehmen aktiv. Nicht so in Deutschland. Hier kann eine Professorin nicht ohne bürokratische Schwierigkeiten gleichzeitig bei einem Unternehmen angestellt sein. Auch das Verlassen der Wissenschaft und eine spätere Rückkehr sind quasi unmöglich. Der Ausstieg aus der Wissenschaft ist häufig das Todesurteil für eine akademische Karriere. Ein wiederkehrender Wechsel zwischen den beiden Welten ist sehr schwer. Aber beide Bereiche profitieren maßgeblich voneinander. Der Transfer von Forschungsergebnissen in die Umsetzung lebt, wie wir gesehen haben, wesentlich vom Wechsel der Köpfe, die ihr Know-how von einer in die andere Sphäre tragen. Kontakte sind das Wichtigste![1] Ohne Kenntnis voneinander kennt die Forschung nicht die Bedarfe der Wirtschaft und Gesellschaft und die Unternehmen nicht die neuesten Erkenntnisse. Wir brauchen dringend einen besseren Austausch zwischen Wirtschaft und Forschung, und zwar in beide Richtungen. Dazu müssen sowohl Hürden auf rechtlicher Seite abgebaut werden als auch die Wissenschaft und die Unternehmen experimenteller mit Arbeitskräften umgehen. Ideen dazu gibt es auf der Welt genug: von der Stiftungsprofessur über Freisemester bis hin zur temporären Personalausleihe. Ein engerer Austausch über Personen zwischen beiden Welten führt auch zu steigenden Kooperationen und gemeinsamen Forschungsprojekten. Der Staat kann das flankieren, durch Gestaltung flexibler Rahmenbedingungen, steuerliche Förderung und Zuwendungsprogramme, die die Bedarfe sowohl der Unternehmen als auch der Wissenschaft im Blick haben.

In der Wissenschaft muss dafür außerdem Freiraum geschaffen werden. Über den eigenen Erfolg entscheidet maßgeblich, wer was wo und wie viel publiziert hat. Es spielt eine untergeordnete Rolle, ob man sich für den Transfer von Ergebnissen einsetzt, ob die eigene Forschung über den Wissenschaftsbetrieb hinaus gedacht ist, ob sie gesellschaftlichen oder wirtschaftlichen Nutzen hat. Damit das sich ändert, muss

Transfer ohne Abstriche neben Lehre und Forschung zu einem der Hauptaufträge der Wissenschaft werden, damit die Mitarbeit an der Verwertung von Erfindungen im Forschungsbetrieb wertgeschätzt wird. Neben dem h-Index sollte es einen t-Index geben, einen Index für den erfolgreichen Transfer. Dieser Index kann erst einmal als Selbstverpflichtung der Forschung starten, um die Exzellenz im Transfer sichtbar zu machen, die heute schon in kleinem Maße existiert. Die Transferaufgabe muss in der öffentlich geförderten Forschung, solange sie nicht reine Grundlagenforschung auf sehr niedrigem Readiness Level ist, verpflichtend und stabil ausfinanziert sein. Eine Transferquote, die über Drittmittelfinanzierung mitentscheidet, kann ein zusätzlicher Anreiz sein. Damit die Institutionen dieser Aufgabe gerecht werden können, muss die Abwicklung in den Händen professioneller Mitarbeiterinnen liegen, die auch über Erfahrung in der Wirtschaft verfügen. Die «Versäulung» zwischen den Sphären muss aufgebrochen werden.

7.3 Deutschland zum Start-up-Land machen

Wir haben es im Laufe des Buches mehrfach gesehen: Für das erfolgreiche Umsetzen von neuen Technologien braucht es neben innovativen KMU und Großunternehmen auch die Newcomer, die jungen Unternehmen. Zum einen gibt es eventuell noch gar keinen etablierten Markt und somit auch keine etablierten Unternehmen, die die Aufgaben übernehmen könnten, zum anderen fällt es etablierten Unternehmen nicht immer leicht, auf neue Technologien zu setzen. Häufig sind zwar die Marktführer diejenigen, die eine neue Technologie frühzeitig sehen und erste Experimente mit ihr durchführen, dann aber doch nicht weiter investieren. Die Gründe sind vielfältig: Die Anteilseigner erwarten steigende Rendite, die die neuen Technologien im niedrigen Readiness Level noch gar nicht erreichen können. Oder der Kundendruck, die etablierten Produkte zu verbessern, ist hoch. Oder die Margen sind so gering, dass eine Investition zum aktuellen Zeitpunkt nicht möglich ist. Das ist die Zeit der Start-ups, die solchen Zwängen noch nicht unterliegen. Auch Google, Amazon, Meta und Apple waren vor gar nicht allzu langer Zeit Start-ups.

Deutschland hat die Chance, die neue Unternehmen bieten, lange Zeit ignoriert. Und noch immer stehen wir schlechter da, als es sein müsste. In Kapitel 3 habe ich die Ergebnisse des Global Innovation Index zusammengefasst. Für Unternehmensgründungskultur erreichen wir nur Platz 33 von 133 verglichenen Ländern, abgeschlagen hinter etlichen anderen Ländern wie Frankreich (Platz 23), den USA (Platz 20), China (Platz 11), den Niederlanden (Platz 9) und den Vereinigten Arabischen Emiraten (Platz 1).* Auch bei den Werten «Unicorn Valuation» und «Finanzierung von Start-ups und Scale-ups» schaffen wir nur die Plätze 23 und 20. Um die Start-up-Landschaft zu verbessern, brauchen wir eine stärkere Gründungskultur an den Universitäten ebenso wie mehr Finanzierungsangebote, vor allem in den späteren Lebensphasen eines Start-ups. Unternehmen, die hier gegründet werden, müssen hier Finanzierung finden, damit sie nicht in die Notwendigkeit geraten, Finanzie-

* Einige Länder der arabischen Halbinsel, vor allem die Emirate, investieren aktuell ebenfalls sehr strategisch in digitale und junge Wirtschaftszweige und Technologien und werben auch erfolgreich Fachkräfte aus dem Ausland dafür an.

rung aus dem Ausland annehmen zu müssen, das mit einem Umzug des Firmensitzes verbunden ist. Dabei spielt auch die Politik eine Rolle und die Entscheidung, in welche Unternehmensgrößen und welche Bereiche staatliche Gelder fließen.

In den letzten Jahren hat sich hier einiges bewegt, bis hin zu neuen Fördertöpfen, die gemeinsam von Staat und Investoren finanziert werden, aber die Unterstützung der jungen Wirtschaft liegt immer noch deutlich hinter den etablierten Unternehmen. Hier muss noch mehr passieren. Wir müssen es Investoren noch einfacher machen, in Deutschland zu investieren. Dabei spielen die Besitzrechte an einer Erfindung eine wichtige Rolle. Wem gehört der Algorithmus, der die Basis für ein Softwareprodukt ist? Bei wem liegt das geistige Eigentum? Eine unklare Patentsituation oder eine schlechte Verteilung von Unternehmensanteilen ist ein häufiger Grund für Wagniskapitalgeber, nicht in Start-ups zu investieren. Momentan läuft die Erfolgsmechanik bei uns noch nicht störungsfrei. Ich habe im Zuge meiner Tätigkeiten viele Gründer mit ihrer Alma Mater um Rechte am geistigen Eigentum kämpfen und hohe Abgaben zahlen sehen. Dabei kann man diese Fragen einfach lösen. Es ist durchaus möglich, eine Blaupause für eine faire Beteiligung zu erarbeiten. Wichtig ist, dass das finanzielle Interesse der Wissenschaft an dem neuen Start-up nachgelagert sein sollte, vor allem in der ersten Wachstumsphase sollte eine Einrichtung ein Start-up nicht mit finanziellen Verpflichtungen zusätzlich belasten. Sollte ein Start-up erfolgreich wachsen und sogar einen Exit durchlaufen, kann eine Universität durch stille Beteiligungen im niedrigen Bereich trotzdem profitieren. In diesem Fall sollten nicht nur die Alma Mater als Ganzes, sondern auch die einzelnen Personen, die die Gründung unterstützt haben, bedacht werden. Ein Professor könnte so Mittelrückflüsse in seinen Fachbereich generieren, über die er frei verfügen kann: ein starker Anreiz, sich auch bei der nächsten Gelegenheit wieder einzubringen.

Für mehr Unternehmensgründungen ist entscheidend, dass der Karriereweg Gründung noch bekannter wird. In den Hochschulen sollten Studierende unbedingt mit dem Thema in Kontakt kommen. In den USA sind «Entrepreneurial Studies», also Studiengänge zu Unternehmertum, bereits seit vielen Jahren sehr verbreitet. Ein Kollege aus einer erfolgreichen Ausgründungsinitiative in München sagte einmal zu mir, sein Ziel sei, dass jeder Studierende mindestens sieben Mal in seinem Studium mit dem Thema Entrepreneurship in Kontakt kommt. Das sei die Zahl, die es brauche, um auch Personen ohne Vorwissen zu erreichen. Erst nach einer wiederkehrenden Berührung mit dem Thema würden sie verstehen: Das gilt ja gar nicht nur für Technik-Genies aus dem Silicon Valley. Das ist durchaus auch eine Option für mich!

Am wichtigsten ist aber aus meiner Sicht, dass die etablierten Unternehmen in Deutschland sich den Start-ups zuwenden. Es macht einen maßgeblichen Unterschied, ob die innovativen Jungunternehmen hier genug Kunden finden. Die deutschen Unternehmen sind sehr zurückhaltend in der Zusammenarbeit mit Start-ups. Dabei bieten diese für sie eine große Chance, sei es als Kooperationspartner für Innovationsprojekte, als Lieferant, um die eigenen Produkte aufzuwerten, oder als Ziel einer Akquisition, um sich innovative Produkte und Abläufe ins Haus zu holen.

7.4 Die unternehmerische Entscheidung

Auch die etablierten Unternehmen müssen ihren Innovationsgeist wecken. Der Fokus möglichst vieler Unternehmen und der staatlichen Förderung sollte auf Innovationen liegen, um wirtschaftliche Stärke zurückzugewinnen. Altes zu subventionieren, ist dabei höchstens als befristete Übergangslösung eine Option. Wir brauchen wirtschaftliches Handeln in den dynamischen Branchen, und wir brauchen die Transformation etablierter Unternehmen hin zu innovativen Technologien und Geschäftsmodellen, vor allem den digitalen. Die Innovatorenquote muss wieder steigen, vor allem im Bereich der Produktinnovationen. Staat und Wirtschaft müssen Hand in Hand agieren, damit Hürden abgebaut und gute Rahmenbedingungen gesetzt werden. Wenn das unternehmerische Risiko, in neue Technologien zu investieren, für die etablierten Unternehmen zu hoch ist, müssen sie Wege finden, um trotz eines Technologiewandels an der Spitze zu bleiben. Gezielte Akquisitionen und Kooperationen mit innovativen Newcomern wären eine Option.

Staatliche Unterstützung, beispielsweise indem staatliche Stellen als Ankerkunde für neue Technologien auftreten, kann helfen, Risiken abzumildern, aber das Problem nicht allein lösen. Als Manager dürfen wir neue Technologien nie auf die leichte Schulter nehmen. Die Einstellung «das betrifft uns nicht» ist immer wieder zu hinterfragen. Technologien, die erst einmal nicht ernst genommen werden, können nach einem Jahr «plötzlich» ganz woanders stehen und durchaus eine Bedrohung sein. Beispiele gibt es Hunderte, denken Sie an Kodak und die Digitalkamera, die Verschiebungen im Automobilmarkt wegen des Elektro-Motors, die Abschaffung der Schreibmaschine durch den Computer oder den Aufstieg der digitalen Riesen in der Telekommunikation und den Streamingdiensten.

Es gibt beeindruckende Beispiele sehr innovativer Unternehmen in Deutschland, die es seit Jahren und teilweise seit Jahrzehnten verstehen, ihr Portfolio immer wieder neu zu denken und Innovationen voranzutreiben. Häufig sind es vor allem große Mittelständler und Familienunternehmen, die sich dem Standort verbunden fühlen und gleichzeitig einen wachen Blick auf die Entwicklungen im Markt haben. Viele andere tun sich mit dem digitalen Wandel jedoch schwer. Die digitale Welt ist keine Weiterentwicklung, sie ist ein neues Paradigma. Und mit den nächsten Technologien kommen weitere Paradigmenwechsel auf uns zu. Es wird immer schwieriger werden, auf die nächsten Züge aufzuspringen, wenn es schon beim digitalen Wandel nicht geklappt hat.

In die Transformation zu neuen Technologien zu investieren, ist aber nicht nur eine volkswirtschaftliche Nettigkeit. Es steht nicht weniger auf dem Spiel als die eigene unternehmerische Existenz. Die Gefahr, die von neuen technischen Innovationen für aktuelle Geschäftsmodelle ausgehen kann, wurde in diesem Buch und an vielen anderen Stellen hinlänglich beschrieben. Vermutlich kennen wir auch alle selbst Beispiele von Unternehmen, die früher einmal erfolgreich waren und seit dem Aufkommen der digitalen Geschäftsmodelle in der Bedeutungslosigkeit verschwunden sind.

Angebote von Staat und Wissenschaft können und sollten helfen, den Weg so einfach wie möglich zu gestalten, aber letztlich ist es eine unternehmerische Entscheidung, ob und wann eine neue Technologie Einzug in die eigenen Prozesse und Produkte hält.

8
Das «Zukunft made in Germany»-Mindset

Deutschland muss sich neu erfinden. Die Welt befindet sich in einem fortlaufenden technischen Wandel, der sich eher beschleunigt als verlangsamt. Dieser Wandel bestimmt auch unsere Zukunft. Denn es genügt, dass die Leistungen der anderen zunehmen, damit wir zurückfallen. Wenn andere Länder und Unternehmen massiv in neue Technologien investieren und wir alles so belassen, wie es bisher war, werden wir Wohlstand und Souveränität einbüßen.

Es ist Deutschland bis jetzt nicht gelungen, von der digitalen Transformation, der letzten technischen Welle, ausreichend wirtschaftlich und gesellschaftlich zu profitieren. Unser Wohlstand basiert weiterhin maßgeblich auf Errungenschaften des letzten Jahrhunderts und der Industrialisierung. Doch die bisherigen industriellen Stärken Deutschlands schwinden. Der Automobilsektor hat den technischen Wechsel zum Elektromotor nicht schnell genug vollzogen und sieht sich heute mit neuen internationalen Wettbewerbern konfrontiert, die weltweit Marktanteile hinzugewinnen. Der Anlagen- und Maschinenbau unterliegt erstmals den chinesischen Wettbewerbern, die günstiger, schneller und oft auch digitaler sind. Die USA scheinen als Vorreiter digitaler Geschäftsmodelle uneinholbar.

Unsere Wirtschaft steckt in der Rezession. Aber die nächsten Schlüsseltechnologien stehen schon in der Startposition und bieten sich als Chance an: Quantentechnologien, neue Netzwerktechnologien, Künstliche Intelligenz, fortgeschrittene Materialien, überall brodeln neue Ansätze und Methoden, die das Potenzial haben, unser Leben einmal mehr grundlegend zu verändern. Mit jeder Technologie werden die Karten neu gemischt und neue Optionen entstehen. Die Großmächte China und die USA investieren bereits massiv in diese Technologien, sowohl von staatlicher als auch von privater Seite. Sie haben die Chancen der Innovation für ihre wirtschaftliche Position und ihre Sicherheit längst verstanden. Und wir? Warten ab. Wenn wir allerdings noch länger warten, werden neue technische Errungenschaften von anderen vereinnahmt und vorangetrieben, mit dem Ergebnis, dass unser Wohlstand schnell weiter sinken wird. Spätestens dann haben wir keine Wahl mehr, sondern müssen uns mit dem zufriedengeben, was andere uns lassen. Die nächste Schlüsseltechnologie darf uns nicht entgehen.

Deutschlands Zögerlichkeit hat zum einen konkrete, strukturelle Gründe. Während unsere Forschung sehr gute Erfolge verbuchen kann, hapert es mit der Umsetzung dieser Erfolge in die Anwendung. Die Breite unserer KMU investiert nicht mehr ausreichend in Innovation. Die Großindustrie investiert schon, aber durch die sinkende Bedeutung ihrer Geschäftsmodelle und Märkte wirkt sich das nicht im gleichen Maßstab auf die Volkswirtschaft aus. Start-ups finden keine Kunden und kaum genug Wachstumskapital.

Das Gute ist: Diese Probleme sind lösbar. Durch veränderte Gesetze kann man Forschung in die Richtung der Verwertung stoßen. Wenn Universitäten die dritte Mission zur grundlegenden Säule machen, führt kein Weg mehr am Transfer vorbei.

Durch Veränderungen im Wissenschaftssystem können Anreize für Forschende geschaffen werden, selbst Verwertung zu unterstützen. Mit mehr Wagniskapital im Land können unsere Start-ups schneller wachsen, mit steuerlichen Erleichterungen und Förderanreizen KMUs bei innovativen Projekten unterstützt werden. Und die Start-up-Szene kann sich an den akademischen Betrieb und die Schulen heranwagen und für Aufklärung und Information sorgen.

Doch die meisten der genannten Lösungen werden in Expertenkreisen schon länger diskutiert, denn die Probleme zeichnen sich schon eine geraume Weile ab. Einiges wurde auch bereits realisiert, die steuerliche Unterstützung von Forschung und Entwicklung zum Beispiel wurde 2020 eingeführt. Etliche staatlich finanzierte Inkubatoren- und Acceleratorenprogramme bieten jungen Start-ups Services und Förderung. Und trotzdem entwickelt sich Deutschland nur schwerfällig zum Start-up-Land, und die Innovationskraft der etablierten Unternehmen fällt weiter ab. Wieso tut sich nichts, wenn wir diese Notwendigkeiten doch sehen und ihnen sogar begegnen?

Strukturen sind nur eine Seite der Medaille, die andere Seite sind Menschen.

Es geht nicht nur um Wirtschaft und Politik, sondern auch um unsere Selbstwahrnehmung. Wenn die Bedeutung klassischer deutscher Industrien schwindet, aber trotzdem unsere prägende Identifikationsfigur bleibt, sind wir gezwungen, uns entweder dauerhaft als Verlierer zu fühlen oder das Alte zu heroisieren, mit dem Risiko, neue Technologien so lange zu blockieren, bis unsere bisherige Welt irgendwann komplett implodiert. So singen wir jetzt schon das Lied des Untergangs, obwohl wir die Fäden noch in der Hand halten. Das wird Deutschland und Europa nicht gerecht. Wir haben schlaue und gut ausgebildete Leute, wir leben noch im Wohlstand, wir haben eine gute Forschungslandschaft und starke Unternehmen. Deutschland hat alles, was es benötigt, um neue Innovationen hervorzubringen und durch diese seinen Wohlstand und seine Souveränität zu sichern.

Dafür braucht es eine entschiedene, nationale Agenda in engem Schulterschluss mit Europa, mit der wir alle Weichen auf Innovation und Zukunft stellen. Bemühungen und Ressourcen müssen in die Felder fließen, die über das Morgen entscheiden, von der Bildung unserer Kinder bis zur Innovationsquote. Aber auch damit ist es noch nicht getan. Denn nicht nur eine Agenda entscheidet über unsere Zukunft, sondern vor allem, wie sich Politik, Unternehmen, Gewerkschaften, Organisationen und selbst jeder Einzelne tatsächlich verhalten. Auch wir als Bürgerinnen und Bürger dieses Landes müssen uns hinterfragen. Haben wir einen positiven Blick auf Technologien? Welche Berufswahl raten wir unseren Kindern? Wie reagieren wir auf Umschulungen am Arbeitsplatz? Setzen wir uns als Verbraucher mit Technologien auseinander oder schieben wir sie von uns weg? Begreifen wir Technologien als Chance für uns und für den Transformationsprozess in diesem Land?

Zu oft war unser Blick auf neue Technologien in den letzten Jahren angstgeleitet. Schnell wurden Gesetze erlassen, um Gefahren einzudämmen, noch bevor Technologien sich überhaupt bewiesen hatten. Als Verbraucher sind wir zögerlich. Lieber kaufen wir den Verbrenner als den E-Motor. Da wissen wir, was wir haben. Neue medizinische Methoden wie mRNA lösen Unbehagen aus. Als Künstliche Intelligenz durch ChatGPT in aller Munde war und wir als Gesellschaft begannen, diese Technologie zu debattieren, war der Diskurs geprägt von existentieller Angst. Noch heute geht es oft um nichts Geringeres als den Untergang der Menschheit, wenn wir über KI sprechen. Meinungsmacher, vor allem aus den USA, behaupten, Künstliche Intelligenz sei eine neue Superspezies, die Menschen über kurz oder lang ausrotten wird. Eine neue Lebensform sei entstanden. Die Gedanken wurden hier dankend aufgegriffen, schließlich erreicht man mit kaum etwas so viel Aufmerksamkeit wie mit der Apokalypse.* Experten, die die Technologie nüchtern erläuterten, als das, was sie ist, nämlich eine spezielle Form von Software, ein Werkzeug ohne eigenen Willen, wurden nicht gerne gehört.

Die Diskussion beeinflusste die Stimmung gegenüber der Technologie stark, und zwar im Negativen. Es musste schnell ein Gesetz her. In den USA hingegen wurde trotz der dort geäußerten Bedenken kaum KI-Regulierung erlassen, und das wenige, was es unter Präsident Biden gab, an Tag eins nach dem zweiten Amtsantritt Trumps wieder gekippt. Regulierung ist wichtig, aber wir dürfen ihre Konsequenzen gerade für junge Wirtschaftszweige nicht unterschätzen. Während große, etablierte Unternehmen vielleicht ausreichend Manpower haben, um rechtlichen Ansprüchen Genüge zu tun, verlangsamt eine komplexe Regulierung Start-ups und KMU häufig stark. Mir sind Fälle von Start-ups bekannt, die keine Finanzierung erhalten haben, da abzusehen war, dass sie niemals so schnell auf den Markt kommen werden wie ihre amerikanischen Wettbewerber. Es kostet sehr viel Ressource und damit auch Zeit, eine komplexe Regulierung korrekt umzusetzen. Vermutlich ist

* Wussten Sie, dass die Anzahl der Apokalypse-Erzählungen, die auf die Gesellschaft einwirken, in den letzten Jahrzehnten deutlich zugenommen hat (vgl. «Weltuntergang», *Aus Politik und Zeitgeschichte,* bpb 51–52/2012)?

auch dieser Umstand ein Grund, weshalb alle aktuellen KI-Anbieter aus den USA oder China kommen. In Europa wundern wir uns nun, warum wir eigentlich selbst so wenig KI-Innovationen haben. Und das ist nicht nur ein Problem für unseren Wohlstand, sondern auch für die Sicherheit, die wir eigentlich schaffen wollten. Wenn wir keine eigenen Technologien und Produkte haben, bleibt uns nichts anderes übrig, als die Lösungen aus anderen Teilen der Welt zu nutzen, ob sie nun unseren Vorstellungen entsprechen oder nicht. Weder können wir die Konditionen kontrollieren, zu denen wir sie einkaufen, noch ihre Ausgestaltung selbst. KI-Modelle aus China oder den USA beinhalten aber potenziell andere Wertvorstellungen als KI-Modelle, die aus Europa stammen.

Natürlich ist es angemessen, neue Technologien aufmerksam zu begleiten, zu durchleuchten, auf Risiken zu testen und diesen Risiken zu begegnen. Natürlich ist es unbestritten, dass mit jeder neuen Technologie auch neue Folgen auftauchen, um die wir uns kümmern müssen. Aber ein angsterfüllter Blick verhindert eine objektive Abschätzung der Chancen und Risiken, mit dem Ergebnis, dass oft gerade die Chancen übersehen werden. Die Chancen, die diese Technologien für die Lösung wirklich dringlicher gesellschaftlicher Probleme darstellen, und die Chancen für unsere Wirtschaft, wenn sie auf diese Technologien setzt.

Eine von Panik gezeichnete Debatte verhindert nicht nur die Nutzung der Chancen. Sie verschleiert auch den Blick vor der Abschätzung der wahren Risiken einer Technologie. In der Künstlichen Intelligenz betrifft das etwa den Bereich des Leistungsschutzes und den Schutz vor Diskriminierung. Wenn KI-Software über wichtige Prozesse der sozialen Teilhabe mitentscheidet, zum Beispiel über eine gewährte Kredithöhe, aber die

Daten im Training unausgeglichen waren, droht Diskriminierung von Personengruppen, zu denen Daten fehlen. In vielen Bereichen ist schon seit Jahren klar, dass unsere Daten unausgeglichen sind. So sind in medizinischen Datensätzen oftmals Informationen zu Frauen unterrepräsentiert. Mit dem Ergebnis, dass zum Beispiel ein Herzinfarkt bei Frauen deutlich schlechter erkannt wird als bei Männern. Bilden solche Daten dann die Grundlage für eine KI-Software, kann die unausgeglichene Datenbasis auch die Ergebnisse der Software negativ beeinflussen. Dies sind ernst zu nehmende Folgen, für die eine Lösung gefunden werden muss. Doch der Blick auf die Technologie als insgesamt diskriminierend oder existenzgefährdend verhindert oftmals genau das.

Und die Beschwörung der Gefahren von Künstlicher Intelligenz ist kein Einzelfall. Das Schicksal trifft viele neue Technologien. Manche Menschen bangen um ihren Job – diesen Sorgen muss man sich annehmen, aber im Gegenzug eine Technologie aufs Abstellgleis zu schieben oder sogar zu verbieten, ist keine Alternative. Wollen wir wirklich auf die unglaubliche Chance verzichten, Krebs zu heilen? Wollen wir wirklich auf die Chance verzichten, unsere demografische Entwicklung mittels Maschinen auszugleichen und unser Wohlstandsniveau so zu erhalten? Wollen wir uns wirklich damit zufriedenstellen, dass andere die Chance ergreifen und wir immer abhängiger werden von den Lösungen der anderen?

Die Welt um uns herum wird auch künftig neue Technologien nutzen und neue Geschäftsmodelle entwickeln. Kommen wird dieser Wandel sowieso. Wir können uns nun entscheiden, ob wir uns verschließen und damit auf Chancen für unsere Wirtschaft und Gesellschaft verzichten oder den Wandel mitgestalten. Technische Innovationen aus Deutschland können dazu maßgeblich beitragen. Sie tragen unsere Wertvorstellungen, produzieren hier Nutzen für die Volkswirtschaft und geben uns Souveränität im internationalen Gefüge.

Dafür kann es helfen, ein neues Narrativ schaffen. Vielleicht möchten wir die neue Quantennation sein? Oder die Nation der vollautomatischen, smarten KI-Fabrik? Stärken wir unser Pharmaprofil mit neuester Technologie und heilen Krebs weltweit? Ich bin überzeugt, mit einem positiven Narrativ und der richtigen Einstellung werden wir auch die strukturellen Hürden schnell beseitigen. Wir sind die drittstärkste Volkswirtschaft der Welt, wir haben die Wahl über unsere Zukunft. Doch wir müssen diese Wahl jetzt treffen, denn die Entwicklung in diesen Bereichen ist rasend schnell, und eine Volkswirtschaft braucht Zeit, um sich zu verändern. Nur, wenn es uns gelingt, die Weichen nachhaltig richtig zu stellen, können wir einen erfolgreichen Kurs einschlagen. Mit den richtigen Entscheidungen, einem neuen Narrativ und entschlossenem Handeln gestalten wir jetzt die Zukunft *made in Germany*.

Dank

Ich möchte an dieser Stelle den vielen schlauen Personen danken, die ohne ihr Wissen zu diesem Buch beigetragen haben. Ich habe in den letzten Jahren unzählige Gespräche geführt, Vorträgen zugehört und an Diskussionen teilgenommen, die mir unterschiedlichste Blickwinkel auf die Innovationslandschaft in Deutschland und der Welt ermöglicht haben. Besonders danke ich denjenigen, die sich die Zeit genommen haben, mich mit einem Interview oder als Testleser zu unterstützen: Anja Kunack, Elisabeth d'Orange, Volker Hofmann, Alexander Czmiel, Walter Klüwer, Irene Bertschek, Anna Spitznagel, Hans Uszkoreit, Fabian Seipel und Olav vier Strawe. Euer beharrlicher Einsatz für das deutsche Innovationssystem beeindruckt und inspiriert mich immer wieder aufs Neue. Vielen Dank für das Feedback und die Hinweise, die mir sehr geholfen haben.

Ein besonderer Dank geht auch an meine Agentin Michaela Röll und meinen Lektor Erik Riemenschneider, ohne die dieses Buch weder entstanden noch möglich gewesen wäre. Es war ein echter Learning-by-doing-Prozess, der mich sehr bereichert hat. Vielen Dank für euer Vertrauen.

Ein riesiges Danke geht an meine Familie, meinen Mann und meine Kinder, die tapfer ertragen haben, dass ich entweder am Schreibtisch saß oder über volkswirtschaftliche Kennzahlen sprechen wollte. Und an meine Eltern, für ihre Hinweise, interessierten Fragen und durchgehende Diskussionsbereitschaft.

Anmerkungen

Einleitung: Was ist das für ein Land, in dem wir leben?

1 Germany Trade & Invest: «Deutsche Maschinenbauer spüren steigende Konkurrenz aus China», www.gtai.de/de/trade/deutschland/specials/deutsche-maschinenbauer-spueren-steigende-konkurrenz-aus-china-853236

1 Wieso muss unser Wohlstand gerettet werden?

1 VDI-Nachrichten: «Dera veröffentlicht neue Siliziumstudie», www.vdi-nachrichten.com/wirtschaft/rohstoffe/dera-veroeffentlicht-neue-silizium-studie

2 Deutsche Welle: «Chip-Supermacht Taiwan», www.dw.com/de/chip-supermacht-taiwan/a-64468545

3 Wikipedia: «Tabelle zur deutschen Halbleiterindustrie», de.wikipedia.org/wiki/Tabelle_zur_deutschen_Halbleiterindustrie

4 Intel: «Advancing Neuromorphic Computing with Intel Labs Tools», https://www.intel.com/content/www/us/en/research/neuromorphic-computing.html

5 Nestor Maslej et al.: «The AI Index 2025 Annual Report», AI Index Steering Committee, Institute for Human-Centered AI, Stanford University, April 2025.

6 Ebenda. Die Zahlen für Gründungen sind nicht einheitlich zwischen den Quellen, da unterschiedliche Zählungen und Definitionen genutzt werden. Im KI-Bundesverband Deutschland, dem

Branchenverband für KI-Start-ups in Deutschland, sind Anfang 2025 500 deutsche KI-Start-ups als Mitglied registriert.

7 Wood Mackenzie: «Global lithium-ion battery capacity to rise five-fold by 2030», www.woodmac.com/press-releases/global-lithium-ion-battery-capacity-to-rise-five-fold-by-2030

8 Rat für technologische Souveränität: «Technologische Souveränität im Fokus – Schlüsseltechnologien im Zentrum der Geopolitik», www.bmbf.de/SharedDocs/Downloads/DE/2025/impulspapier-technologische-souveraenitaet-im-fokus.pdf

9 Eigene Recherche. Je nach Zahlenaufbereitung (Tochterunternehmen, Gruppe, Kerngeschäft) können die Informationen von anderen Quellen abweichen.

10 Bundeswirtschaftsministerium: «IKT Branchenbild 2024», www.de.digital/DIGITAL/Redaktion/DE/Digitalisierungsindex/Publikationen/publikation-ikt-branchenbild-2024.pdf?__blob=publicationFile&v=2

11 Daniel Hartmann, Bantleon: «Autokrise: Deutschland braucht eine neue Wachstumslokomotive», www.bantleon.com/news/details-news/autokrise-deutschland-braucht-eine-neue-wachstums lokomotive

12 Tagesschau: «Continental streicht weitere 3.000 Stellen», www.tagesschau.de/wirtschaft/unternehmen/continental-stellen abbau-100.html

13 World Competitiveness Ranking, IMD, www.imd.org/centers/wcc/world-competitiveness-center/rankings/world-competitiveness-ranking/rankings/wcr-rankings/#_tab_Rank

14 Siehe company.tropical-islands.de/presse/unternehmensprofil

15 Rafael Laguna de la Vera und Thomas Ramge: *Sprunginnovation. Wie wir mit Wissenschaft und Technik die Welt wieder in Balance bekommen*, Econ Verlag 2021.

16 DeStatis: Pressemitteilung Nr. 084 vom 7. März 2025, www.destatis.de/DE/Presse/Pressemitteilungen/2025/03/PD25_084_218.html

17 Mariana Mazzucato: *Das Kapital des Staates. Eine andere Geschichte von Innovation und Wachstum*, Campus 2023.

2 Wir sind reich an Erfindern

1 OECD-Bericht zu Künstlicher Intelligenz in Deutschland, OECD Publishing 2024, doi.org/10.1787/8fd1bd9d-de

2 Statistisches Bundesamt: «Personal in Forschung und Entwicklung nach Sektoren und Berichtsjahren», www.destatis.de/DE/Themen/Gesellschaft-Umwelt/Bildung-Forschung-Kultur/Forschung-Entwicklung/Tabellen/personal-forschung- entwicklung.html

3 Bayer Global: «Wissenschaft, Forschung und Entwicklung», www.bayer.com/de/innovation/wissenschaft-forschung-und-innovation

4 BioNTech: «Pressemitteilung vom 20. März 2024», investors.biontech.de/de/news-releases/news-release-details/biontech-veroeffentlicht-ergebnisse-fuer-das-vierte-quartal-1

5 Bundesministerium für Forschung, Technologie und Raumfahrt: «Pakt für Forschung und Innovation», www.bmbf.de/DE/Forschung/Wissenschaftssystem/Wissenschaftsorganisationen/PaktFuerForschungUndInnovationen/paktfuerforschungund innovationen_node.html

6 DAAD: «Wissenschaft weltoffen kompakt», www.wissenschaft-weltoffen.de/content/uploads/2024/04/wiwe_kompakt_DT_2024_Web.pdf

7 Max-Planck-Gesellschaft: «Nobelpreise», www.mpg.de/preise/nobelpreis

8 Alexander Stephan: «Emigration und Exil von Wissenschaftlern und Ingenieuren 1930–1950 Physik», Universität Stuttgart 2022, www.hi.uni-stuttgart.de/gnt/exil/Physik.html

9 Scimago Journal & Country Rank, www.scimagojr.com

10 Martin Brüchert, Beatrice Andres und Kristian Döbrich: «Quantentechnologien – Ein internationaler Vergleich bei Zahlen zu Publikationen und Patentanmeldungen», *iit perspektive* Nr. 48, 2019, www.iit-berlin.de/iit-docs/5068c5d904b54 f889880182fe 9c1a1e4_WEB_2019_12_16_iit-perspektive_Nr_48.pdf

11 OECD: «Science, Technology and Innovation Policy Compass», stip.oecd.org

12 Nestor Maslej et al. (2025): «The AI Index 2025 Annual Report», AI Index Steering Committee, Institute for Human-Centered AI, Stanford University, April 2025.

3 Unsere Innovationskraft sinkt

1 International Organization for Standardization: «ISO 16290:2013(en) Space systems – Definition of the Technology Readiness Levels (TRLs) and their criteria of assessment», www.iso.org/obp/ui/en/#iso:std:iso:16290:ed-1:v1:en
2 Im Jahr 2022 gab das Statistische Bundesamt die Zahl mit etwa 3,44 Millionen an, in 2023 mit 3,49 Millionen. Für 2024 lagen zum Zeitpunkt der Veröffentlichung noch keine Angaben vor.
3 Statistisches Bundesamt: «55 % in kleinen und mittleren Unternehmen tätig», www.destatis.de/DE/Themen/Branchen-Unternehmen/Unternehmen/Kleine-Unternehmen-Mittlere-Unternehmen/aktuell-beschaeftigte.html
4 Institut für Mittelstandsforschung: «Mittelstand im Einzelnen», www.ifm-bonn.org/statistiken/mittelstand-im-einzelnen/unternehmensbestand
5 Volker Zimmermann: «KfW-Innovationsbericht Mittelstand 2023», KfW Bankengruppe, www.kfw.de/PDF/Download-Center/Konzern themen/Research/PDF-Dokumente-Innovationsbericht/KfW-Innovationsbericht-Mittelstand-2023.pdf
6 Hanna Hottenrott, Bettina Peters und Christian Rammer: «Wie steht es um die Innovationsfähigkeit Deutschlands?», *Wirtschaftsdienst*, Heft 4, 2024, www.wirtschaftsdienst.eu/inhalt/jahr/2024/heft/4/beitrag/wie-steht-es-um-die-innovationsfaehigkeit-deutschlands.html
7 Christian Rammer et al. (2025): «Innovationen in der deutschen Wirtschaft», Indikatorenbericht zur Innovationserhebung 2024, ZEW Leibniz-Zentrum für europäische Wirtschaftsforschung, ftp.zew.de/pub/zew-docs/mip/24/mip_2024.pdf; zu beachten ist außerdem der Inflationsausgleich.

8 Ebenda.
9 Bundesministerium der Finanzen: «Steuerliche Förderung von Forschung und Entwicklung», www.bundesfinanzministerium.de/Content/DE/Standardartikel/Themen/Steuern/Steuerliche_Themengebiete/Forschungszulage/forschungszulage-uebersicht.html
10 Die OECD zählt zu «High-Tech»-Technologien der Raumfahrt, Computer, Elektronik und Kommunikation sowie Pharma. Zu «Medium High-Tech» gehören unter anderem Technologien aus der Automobilbranche, Chemie, Rüstung, Schienenverkehr und weitere.
11 Rainer Frietsch et al.: «Innovationsindikator 2024», Bundesverband der deutschen Industrie e. V. (BDI), www.rolandberger.com/de/Insights/Publications/Innovationsindikator-2024.html
12 Vergleiche BERD-Daten der OECD, einzusehen unter: stip.oecd.org/stats/SB-StatTrends.html
13 Hanna Hottenrott, Bettina Peters und Christian Rammer: «Wie steht es um die Innovationsfähigkeit Deutschlands?», *Wirtschaftsdienst*, Heft 4, 2024, www.wirtschaftsdienst.eu/inhalt/jahr/2024/heft/4/beitrag/wie-steht-es-um-die-innovationsfaehigkeit-deutschlands.html
14 Volker Zimmermann: «KfW-Innovationsbericht Mittelstand 2023», KfW Bankengruppe, www.kfw.de/PDF/Download-Center/Konzernthemen/Research/PDF-Dokumente-Innovationsbericht/KfW-Innovationsbericht-Mittelstand-2023.pdf
15 Bundesministerium für Forschung, Technologie und Raumfahrt: «Daten und Fakten zum deutschen Forschungs- und Innovationssystem – Bundesbericht Forschung und Innovation 2024», www.bundesbericht-forschung-innovation.de/files/BMBF_BuFI-2024_Datenband.pdf
16 Christian Gollnick et al.: «Innovationsbremsen lösen – DIHK Innovationsreport 2023», Deutsche Industrie und Handelskammer, www.dihk.de/resource/blob/106742/1ad5859c4e8d03d48642e3d5ec350cb4/dihk-innovationsreport-2023-data.pdf

4 Wir verschenken unseren Reichtum

1 Germany Trade & Invest: «Start-up Innovation News – December 2022», www.gtai.de/en/invest/industries/start-up-innovation-news-december-2022–928368

2 EXIST wird vom Bundeswirtschaftsministerium finanziert und durch den Projektträger Jülich verwaltet. Mehr Informationen unter: www.exist.de

3 Hanna Hottenrott, Bettina Peters und Christian Rammer: «Wie steht es um die Innovationsfähigkeit Deutschlands?», *Wirtschaftsdienst,* Heft 4, 2024, www.wirtschaftsdienst.eu/inhalt/jahr/2024/heft/4/beitrag/wie-steht-es-um-die-innovationsfaehigkeit-deutschlands.html

5 Wir bremsen technische Innovationen aus

1 Volker Zimmermann: «Mittelständische Unternehmenstypen im Innovationssystem: Aktivitäten, Hemmnisse und Erfolge», KfW Research, www.kfw.de/PDF/Download-Center/Konzernthemen/Research/PDF-Dokumente-Fokus-Volkswirtschaft/Fokus-2022/Fokus-Nr.-394-Juli-2022-Unternehmenstypen-Innosystem.pdf

2 Je nach Jahr und Art der Auswertung sind fehlende Fachkräfte Platz 1 oder Platz 2 der genannten Hemmnisse der deutschen Unternehmen seit 2016: www.wirtschaftsdienst.eu/inhalt/jahr/2024/heft/4/beitrag/wie-steht-es-um-die-innovationsfaehigkeit-deutschlands.html

3 Yann Coatanlem und Oliver Coste: «Cost of Failure and Competitiveness in Disruptive Innovation», IEP@BU Policy Brief, September 2024, iep.unibocconi.eu/sites/default/files/media/attach/PB24_%20Coatanlem%2C%20Coste%20%281%29.pdf

4 Michael Holz et al.: «Bürokratiewahrnehmung von Unternehmen», IfM Materialien Nr. 274, Juni 2019, www.ifm-bonn.org/fileadmin/data/redaktion/publikationen/ifm_materialien/dokumente/IfM-Materialien-274_2019.pdf

5 Statistisches Bundesamt: «Bürokratiekostenindex», www.destatis.de/DE/Themen/Staat/Buerokratiekosten/Erfuellungsaufwand/buerokratiekostenindex.html#110148

6 Deutschland am Wendepunkt

1 Rainer Frietsch et al.: «Innovationsindikator 2024», Bundesverband der deutschen Industrie e. V. (BDI), www.rolandberger.com/de/Insights/Publications/Innovationsindikator-2024.html

2 OECD: «OECD-Bericht zu Künstlicher Intelligenz in Deutschland», OECD Publishing 2024, doi.org/10.1787/8fd1bd9d-de

7 Die Erfolgsmechanik – volle Kraft auf Zukunft!

1 Knut Blind, Alexander Cuntz und Ulrich Schmoch: «Patentverwertungsstrukturen für Hochschulerfindungen im internationalen Vergleich», Fraunhofer IRB Verlag 2009, publica-rest.fraunhofer.de/server/api/core/bitstreams/6d5a6283-b4b8-4a65-8d76-d1b601b0c82e/content